KB270018

CliffsNotes™

다락원
명작노트
028

앵무새 죽이기

To Kill a Mocking Bird

하퍼 리

다락원 WILEY
Publishers Since 1807

세계의 교양을 읽는다

고전을 왜 읽는가?

인간의 삶과 세상에 대한 영원한 물음이 있기 때문이다. 시대와 사상을 뛰어넘어 지금 여기 우리에게 필요한 물음이 없는 고전은 더이상 고전이 아니다. 인간과 삶에 대한 근원적인 물음 없이 고전을 읽는다면 자신과 인간에 대한 성찰과 지혜로 이어지지 않는다. 논술 시험 때문에, 과제물 때문에, 아니면 남들이 읽으니까, 나도 읽는다는 식이라면 그 책은 죽은 책일 수밖에 없다.

고전을 살아 있는 책으로 만드는 이 '물음!'에 답하기 위해서는 좋은 길잡이가 필요하다. 40년 이상 미국의 고교생과 대학 주니어들이 시험, 에세이 작성, 심층토론 준비를 위해 바이블처럼 애용해온 'CliffsNotes'와 'SPARKNOTES'는 바로 그런 좋은 길잡이의 표본이다. 이 두 시리즈가 원조 논술연구모임인 '일이관지(一以貫之)' 팀의 촌철살인적 해설을 곁들여 〈다락원 명작노트〉로 재탄생해 논술로 고민중인 대한민국 학생 여러분을 찾아간다.

CliffsNotes와 SPARKNOTES의 가장 큰 장점은 방대하고 난해한 고전을 Chapter별로 요약하고 분석해서 원전의 내용에 보다 쉽고 체계적으로 접근하는 신속·간편성이라고 할 수 있다. 여기에 '一以貫之'팀이 원전의 중요한 문제의식, 즉 근원적 '물음'은 무엇이며, 그 '물음'은 오늘날에도 여전히 유효한가, 라는 질문을 다시 던진다.

대입논술로 고민하고, 자칭 타칭의 고전이 넘쳐나는 오늘의 독서풍토에서 지적 정복이 긴박한 대한민국 학생들에게 감히 이 시리즈를 자신있게 권한다.

一以貫之 논술연구모임 연구실장 이호곤

CliffsNotes와 SPARKNOTES는 방대한 원작을 보다 쉽게 이해할 수 있도록 돕는 안내서입니다. 원작 이해를 돕기 위해 작가와 작품에 대한 배경지식, 그리고 매 장마다 간단한 '줄거리'와 '풀어보기'가 실려 있습니다. '줄거리'를 통해서는 원작의 내용을 명쾌하게 파악함으로써 독서의 즐거움을 느낄 수 있을 것입니다. '풀어보기'에는 원작에 담긴 문학적 경향, 등장인물의 심리상태, 시대상, 주제 등을 설명해 놓았습니다. 비판적 글읽기의 바탕이 되는 요소들이죠. 비판적 글읽기는 소설과 비소설 작품을 막론하고 책을 읽을 때 꼭 필요한 자질입니다.

그 밖에도 작품을 좀더 심오하게 분석할 수 있도록 '마무리 노트', 'Review' 등을 마련해 놓아 독자 여러분의 글읽기를 돕고 있습니다.

CliffsNotes에는 특히 관심을 갖고 읽어야 할 필수요소를 강조하기 위해 다음 네 가지 아이콘을 사용하고 있습니다.

 작품 속에 내재된 주제를 드러내줍니다.

 등장인물의 속내를 알 수 있도록 도와줍니다.

 배경, 분위기, 열정, 폭력, 풍자, 상징, 비극, 암시, 불가사의 등의 요소를 밝혀줍니다.

 단어와 문구의 미묘한 느낌을 감상할 수 있도록 해줍니다.

* 〈 〉는 장편소설, 중편소설, 논픽션, 시집. " "는 수필집, 단편소설

❶ 일이관지(一以貫之) 논술 노트

권말에는 一以貫之 논술팀에서 작성한 논술 노트가 실려 있습니다. 원작을 우리의 삶과 연계시켜 비판적 사고와 논리적 글쓰기의 방향을 제시합니다.

❶ 실전 연습문제

실전 연습문제를 통해서는 원작을 바탕으로 출제 가능성이 높은 논점을 함께 숙고해 봅니다.

작가의 생애

작가의 생애

넬 하퍼 리 Nelle Harper Lee는 1926년 4월 28일에 미국 앨라배마 주의 먼로빌에서 아버지 어메이서 콜먼 리와 어머니 프랜시스 커닝햄 핀치 리 사이에서 막내딸로 태어났다. 위로는 언니 앨리스와 루이스, 오빠 에드윈 콜먼 리가 있었다.

아버지는 플로리다 주에서 성장했고, 1900년대 초에 먼로 군으로 이주했으며, 1915년까지는 경리로 일하다, 변호사 시험에 합격하자 개업했다. 1926-38년에는 앨라배마 주의회 의원으로 재직했으며, 1929-47년, 먼로 저널의 편집자로 일하기도 했다.

어머니는 버지니아 주 출신으로 앨라배마 주의 먼로 군에 정착해 핀치버그란 마을을 세운 집안의 딸이었다. 핀치는 리가 핀치버그의 조그만 회사에서 근무할 때 만나 결혼했다.

주변사람들의 이야기를 종합해 보면, 하퍼 리는 친분 있는 사람들과는 가깝게 어울리기를 좋아하지만, 일반인들에게는 사적인 생활을 거의 공개하지 않았다. 따라서 하퍼 리의 어린 시절 정보는 대부분 친구들의 입을 통해 나온 것이며, 거의 일화적인 성격을 띠고 있다. 소설의 주인공 스카웃은 어느 정도는 작가 자신이라고 할 수 있기 때문에 독자들은 〈앵무새 죽이기 *To Kill a Mockingbird*〉를 통해 작가의 어린 시절을 살펴볼 수밖에 없다.

하퍼 리는 1944년(18세)에 앨라배마 주의 몽고메리 시에 있는 헌팅던 대학에 입학했으며, 1945-49년에는 앨라배마 대학교에서 법학을 공부했다. 1년간 교환학생으로 영국의 옥스퍼드 대학교에 다녔지만, 과정을 이수하기 6개월 전에 작가가 되려고 뉴욕 행을 결정했다.

1950년대 초에 잠시 이스턴 항공사와 영국 항공사에서 예약담당계원으로 일하면서 소설을 쓰던 리는 드디어 1957년에 〈앵무새 죽이기〉 원고를 J. B. 리핀코트 사에 보냈다. 출판사 담당자는 이 소설이 단편을 묶어놓은 것 같다며 다시 써보라고 권했고, 리는 2년 반 동안 원고를 수정했다. 그 노력이 결실을 맺어 하퍼 리의 첫 번째이자 유일한 소설인 〈앵무새 죽이기〉가 1960년에 출간되었다.

〈앵무새 죽이기〉는 여러 면에서 자전적인 소설이라고 할 수 있다. 하퍼 리가 성장했던 먼로빌은 소설의 무대인 메이콤의 모델이 되었으며, 친구들 중에는 작가가 그곳에서 '말괄량이 골목대장'이었다고 증언하는 사람도 있다. 하퍼 리는 어머니의 이름을 소설의 등장인물에 사용했다. 소설 속의 주요 인물인 부 래들리는 실제로 이웃에 살았던 사람이기도 하다. 그리고 스카웃의 아버지 애티커스 핀치는 아버지를 모델로 했다고 작가 자신이 밝혔다.

〈앵무새 죽이기〉는 1961년도에 퓰리처상을 받았으며, 1962년에는 그레고리 펙이 주연한 영화로 제작되었다.

이 작품이 출간된 직후인 1960년대 초에 하퍼 리는 소설 속 딜 해리스의 모델인 어린 시절 친구 트루먼 캐포티를 따라 캔자스 주의 홀콤으로 가서 캐포티의 걸작 〈냉혈 *In Cold Blood*〉의 자료조사를 도왔다. 이 소설은 1966년에 출간되었다.

하퍼 리는 60년대에 글을 세 편 발표했다. 보그 지에 "사랑은 다른 말로 하자면 Love — In Other Words"(1961)과 맥콜스 지에 "나에게 크리스마스란 Christmas to Me"(1961)과 "아이들이 미국을 발견할 때 When Children Discover America"(1965)란 글을 발표했다. 린든 존슨 대통령은 1966년도에 하퍼 리를 대통령 예술자문위원으로 임명했다. 그녀는 명예박사 학위를 수 차례 받았는데, 그 중에는 앨라배마 대학교와 앨라배마 주의 스프링 힐 대학에서 수여한 것도 포함되어 있었다. 하퍼 리는 수여식에 모두 참석했지만, 연설이나 인터뷰는 하지 않았다.

1998년 앨라배마 작가 포럼은 앨라배마 출신 우수 작가에게 수여하는 하퍼 리 상을 제정했다.

독신인 작가는 지금도 계속해서 뉴욕과 먼로빌을 오가며 생활하는데, 먼로빌에서는 언니 앨리스와 살고 있다. 재치와 사람을 끄는 매력이 있다고 알려진 하퍼 리는 〈앵무새 죽이기〉가 출간된 이래 인터뷰는 손가락으로 꼽을 만큼밖에 허용하지 않고 있다. 가족과 친구들도 작가의 사생활을 지켜주고 있다.

　이처럼 재능 있는 작가가 왜 소설을 한 편밖에 쓰지 않고 있는지 궁금해 하는 사람들이 많다. 하퍼 리의 사촌 리처드 윌리엄스가 바로 이 질문을 던지자, 작가는 이렇게 대답했다. "그렇게 히트를 친 작품을 낸 후에는 또 써봤자 내리막길밖에는 되지 않아."

작품 노트

작품의 개요

하퍼 리가 〈앵무새 죽이기〉를 집필하던 당시는 미국 흑인 민권운동이 소용돌이치던 시기였으며, 고향인 앨라배마 주는 바로 이 민권운동의 중심에 있었다. 미국 남부 전역에 걸쳐 흑인과 백인은 공공장소의 식수대, 출입구, 화장실을 따로 쓰는 등, 인종분리 정책이 자행되고 있었다. 시영 버스 안에서는 흑인은 뒷자리에만 앉을 수 있었으며, 그것도 백인이 오면 자리를 내주어야 했다. 1955년에 로자 파크스라는 흑인 여성이 앨라배마 주 몽고메리 시의 버스에서 백인에게 자리를 양보하지 않았다. 이 사건으로 흑인 민권운동이 다시 촉발되어 1년 동안 버스 승차거부 운동이 벌어졌으며, 흑인 민권운동은 새로운 국면으로 접어들게 되었고, 마틴 루터 킹 목사의 이름이 미국 전역에 널리 알려지게 되었다. 따라서 〈앵무새 죽이기〉는 그 출간 시기가 매우 잘 맞아떨어졌다.

그러나 하퍼 리는 이 소설의 시대적 배경을 1930년대 대공황 시절로 잡았다. 시대를 이렇게 정한 이유는 여러 가지가 있었을 것이다. 이 소설의 주인공이자 내래이터인 스카웃은 절반쯤은 작가 자신이었으며, 1930년대에는 스카웃과 거의 비슷한 나이였다. 작가들은 현재 문제가 되고 있는 주제를 다룰 때는, 독자들에게 보다 객관적으로 그 문제를 생각해 볼 수 있는 기회를 주기 위해 시대적 배경을 과거나 미래로 가져가는 경향이 있다. 그러나 하퍼 리가 1930년대를 무대로 삼은 가장 큰 이유는 흑인 민권운동이 1950년대 후반에야 비로소 시작된 것이 아니기 때문일 것이다. 흑인 민권운동은 처음에는 '아기의 걸음마'부터 시작했지만 그 역사는 상당히 길다. 특히 대공황 시절에는 일자리가 별로 없는 상황에서 백인과 흑인이 경쟁해야 했기 때문에 인종 문제가 상당히 심각했다. 특히 남부의 백인들은 흑인들에게 돌아가는 일자리를 자신들에게 달라고 강력하게 요구하기 시작했다. 더구나 흑인들이 자기들의 일자리를 훔쳐가고 있다는 생각에 사로잡힌 백인들이 많았기 때문에 사태는 더욱 악화되었다.

하퍼 리의 이 소설은 1930년대 인종 차별 및 소수 집단이 겪었던 고통만 다룬 것이 아니다. 〈앵무새 죽이기〉는 본질적으로 성장소설이라고 할 수 있다. 성장소설이란 순진무구했던 주인공이 다양한 사건의 소용돌이 속에서 고통을 겪으면서 성숙해진다는 주제를 다룬다. 스카웃은 이 성장소설의 주인공으로, 주요 관심사는 자신을 둘러싼 사회가 여자에 대해 갖고 있는 선입견을 어떻게 받아들이고 다루느냐 하는 것이다. 1930년대에는 남부의 여자는 남부 여자다워야 한다는 고정관념이 뿌리 깊게 자리 잡고 있었기 때문에 여자들은 '남부의 여성상'에 순응해야 하는 압력을 받았다. 여성들은 연약한 존재로 인식되어 이런 사회적 기대에 따라 행동해야 했던 것이다. 그러나 스카웃은 연약함과는 거리가 멀었다. 따라서 이 소

설은 말괄량이 소녀가 술이 주렁주렁 달린 드레스를 입고 얌
전하게 행동하기 바라는 세상에 적응해 나아가는 모습에 많은
부분을 할애하고 있다.

주인공들은 이런 문제 외에도, 용감함과 비겁함, 관용,
자비, 양심, 이성, 사회적 기대, 그리고 여러 측면의 편견 등
다양한 문제와 부딪힌다. 이런 폭넓은 주제를 비교적 짧은 소
설 속에서 완전히 소화시킨 것을 보면 작가의 재능이 얼마나
탁월한지 알 수 있다.

줄거리

〈앵무새 죽이기〉는 근본적으로 1930년대의 미국 남부
라는 독특한 배경 속에서 아이들이 성장해 나가는 이야기를
다룬 소설이다. 이야기는 3년에 걸쳐 진행되는데, 그 동안 주
인공들은 큰 변화를 겪게 된다. 스카웃 핀치는 오빠 젬, 아버
지 애티커스와 함께 앨라배마 주의 가상 마을인 메이콤에서
생활한다. 메이콤은 주민들이 서로 잘 알고 지내는 작은 마을
로, 살고 있는 곳이 어디인지, 부모가 누구인지, 그리고 조상
들이 얼마나 오래 메이콤에 살았는지에 따라 사회적 신분이
결정된다.

아내를 잃은 애티커스는 친절한 이웃과 흑인 가정부 캘
퍼니아의 도움을 받으면서 아이들을 혼자 키운다. 스카웃과

젬은 마을이 돌아가는 속사정을 거의 본능적으로 이해하고 있다. 그런데 이들 남매는 별명이 부인 아서 래들리에 관해서는 아는 게 전혀 없다. 그 사람은 바깥출입을 하지 않기 때문에 완전히 신비에 가려진 인물이다. 동네 사람의 조카인 딜이 여름 방학을 메이콤에서 보내기 시작하면서, 세 아이들은 부를 밖으로 끌어내려고 매일 머리를 싸매고 궁리한다.

스카웃은 사내아이들과 어울려 노는 것을 더 좋아하는 말괄량이 소녀로, 아이들과 문제가 생기면 대개 주먹으로 해결한다. 스카웃은 자신이 여자애답게 행동하기를 강요하는 세상, 여자애처럼 행동한다고 비난하는 오빠, 그리고 자신을 있는 그대로 받아들이는 아버지 등을 이해하려고 애쓰고, 학교를 싫어한다. 가치 있는 교육은 동네 거리에서, 그리고 아버지에게서 받는 것이다.

이 소설의 중반이 다 되어서야, 스카웃과 젬은 아버지가 백인 여자를 강간·폭행한 혐의를 받고 있는 톰 로빈슨이란 흑인을 변호하게 된다는 것을 알아차린다. 남매는 아버지가 이 사건을 맡게 되었다는 것 때문에 흑인에 대한 인종차별적인 욕설을 엄청나게 듣게 된다. 스카웃은 아이들을 두들겨 패고 싶은 것을 참느라고 몹시 고생한다. 아이들과 주먹질 하는 것 때문에 스카웃은 알렉산드라 고모와 잭 삼촌에게 야단을 맞는다. 나이가 많고 스카웃보다는 이성적인 젬도 어쩌다가는 화를 폭발시킨다. 동네 사람인 듀보스 할머니의 욕설에 대한 보복으로 화단을 망가뜨리자, 젬은 부인에게 한 달 동안 매일 방과 후에 책을 읽어주는 벌을 받게 된다. 결국 남매는 이 부인에게서 용기에 대한 소중한 교훈을 배운다. 재판 날짜가 가까워지자 알렉산드라 고모는 스카웃에게 여성답게 행동하는 법을 가르쳐준다는 미명하에 같이 살러 온다.

이 소설에 등장하는 마지막 여름에 재판이 열리게 된다. 톰은 혐의점이 없다는 것을 애티커스가 입증했는데도, 유죄를 선고받는다. 톰을 변호하는 과정에서 애티커스는 톰에게 공격을 당했다는 여자의 아버지인 밥 이월에게 본의 아닌 모욕을 주게 된다. 그는 성질이 고약한 데다 게으름뱅이이고 술주정뱅이다. 톰이 유죄 선고를 받았는데도, 이월은 자신을 모욕했다고 애티커스와 판사에게 복수를 맹세한다. 세 아이는 배심원들이 유죄 평결을 내린 것에 대해 어안이 벙벙해진다. 애티커스는 왜 배심원들이 그런 평결을 내릴 수밖에 없는지 아이들에게 설명해 주려고 한다.

재판 직후에 스카웃은 고모가 다니는 선교협회의 모임에 참석한다. 모임 도중에 애티커스는 톰 로빈슨이 탈옥하려다 죽었다는 소식을 알린다. 그날 스카웃은 이상적인 여성상이란 어떤 것인지, 어떻게 역경을 헤치고 살아가야 하는지에 대한 귀중한 교훈을 배운다.

메이콤의 생활은 서서히 정상을 회복한다. 스카웃과 젬은 이제는 부 래들리 일에만 매달리지 않게 된다. 톰에 대한 이야기는 점점 줄어들지만, 밥 이월은 자신의 맹세를 실천에 옮기기 시작한다. 스카웃은 학교에서 벌어지는 할로윈 가장 연극에 햄 복장을 하고 참가하게 된다. 애티커스와 알렉산드라 고모가 너무 피곤해서 참석하지 못하게 되고, 젬이 스카웃을 데리고 학교에 간다. 무대에서 창피를 당한 스카웃은 행사가 끝나자 햄 복장을 입은 채로 젬과 함께 집까지 걸어가기로 한다.

집으로 오는 길에 남매는 이상한 소리를 듣게 되지만, 자신들을 놀래킨 친구가 내는 소리라고 생각한다. 갑자기 싸움이 일어난다. 스카웃은 할로윈 복장 때문에 밖을 내다볼 수 없지만, 누군가가 젬을 밀치는 소리가 들리더니, 햄 복장 안에 있는 얇은 철사줄이 피부에 꽉 죄는 힘센 손길이 느껴진다. 이런 폭행을 당하는 과정에서 젬의 팔이 심하게 부러진다. 스카웃은 복장 틈새로 낯선 사람이 젬을 안아서 집으로 데리고 가는 것을 흘끗 보게 된다.

보안관이 핀치네 집에 와서 아이들이 습격당했던 나무 아래에 밥 이월이 죽은 채로 발견되었다고 알린다. 자신의 칼에 엎어져 찔렸다는 것이다. 스카웃은 젬을 데려다준 낯선 사람이 다름 아닌 부 래들리로, 그가 이월을 죽여 자신과 젬의 생명을 구했다는 것을 알게 된다. 보안관은 이월이 자신의 칼에 엎어져 죽었기 때문에 부에게는 죄가 없다고 말한다. 스카웃은 그 판단이 옳다고 하며, 자신이 이해한 것을 아버지에게

설명한다. 부는 한 번 더 젬을 들여다보고는 스카웃에게 집까
지 바래다 달라고 부탁한다. 그러나 스카웃은 아이도 아닌 부
를 집까지 바래다주는 것이 아니라 숙녀인 자신을 부가 신사
처럼 집까지 모셔가게 한다.

　　부를 무사히 집까지 데려다준 스카웃은 아버지가 기다
리고 있는 젬의 방으로 돌아간다. 아버지는 스카웃에게 책을
읽어주며 잠을 재우고는 아들 침대 옆에서 밤을 지샌다.

등장인물

스카웃(진 루이스 핀치) *Scout(Jean Louise Finch)*　이 소설의 내레이터. 이 이야기는 여섯 살부터 아홉 살까지의 스카웃의 생활에 관한 것이지만, 어른이 되어 과거를 회상하는 식으로 전개된다. 스카웃은 말괄량이 소녀로, 문제가 있으면 머리보다는 주먹으로 해결하려고 하지만, 이야기가 전개되면서 인간의 본성, 자신에 대한 사회적 기대, 이 세상에서 자신의 위치 등을 깨닫게 된다.

애티커스 핀치 *Atticus Finch*　메이콤 군(郡)의 변호사이며, 주의회 의원. 톰 로빈슨의 국선변호사로 지명된다. 아내를 잃고 젬과 스카웃을 혼자 기른다.

젬(제레미 애티커스 핀치) *Jem(Jeremy Atticus Finch)*　스카웃의 오빠. 소설 속에서 열 살부터 열세 살까지의 이야기가 전개된다. 스카웃을 보호해 주며, 제일 친한 친구가 되기도 한다. 청소년으로 자라는 과정에서 여러 가지 어려운 문제를 겪는다.

알렉산드라 고모 *Aunt Alexandra*　아버지의 누나. 핀치 가문이 모여 살고 있는 핀치스 랜딩에 거주하고 있지만, 톰 로빈슨의 재판이 진행이 되는 동안 아이들과 함께 지내러 온다. 고모는 스카웃의 언행을 여성스럽게 만들려고 신경 쓴다.

프랜시스 핸콕 *Francis Hancock*　알렉산드라 고모의 손자. 아버지에 대한 일로 스카웃을 놀려 난처하게 만든다.

잭 핀치 삼촌 *Uncle Jack Finch*   애티커스와 알렉산드라의 동생으로 독신 의사. 매년 크리스마스에 스카웃의 집을 찾는다. 형과 마찬가지로 학교를 다니지 않고 집에서 교육받았다.

캘퍼니아 *Calpurnia*   애티커스의 집에서 일하는 흑인 가정부. 핀치스 랜딩에서 자랐으며, 애티커스와 함께 메이콤으로 왔다. 스카웃과 젬에게는 어머니 같은 존재. 이 마을에서 글을 읽고 쓸 줄 아는 몇 안 되는 흑인 중의 한 명으로, 스카웃에게 쓰기를 가르친다.

지보 *Zeebo*   캘퍼니아의 아들로, 마을의 청소부. 흑인 교회에는 글을 읽을 줄 아는 사람이 네 명밖에 없는데, 그 중의 한 명이다.

부 래들리(아서 래들리 씨) *Boo Radley(Mr. Arthur Radley)*   신비에 싸인 이웃집 사람으로 아이들의 호기심을 자극한다. 아이들은 한 번도 이 사람을 본 적이 없어서, 밖으로 끌어내려고 온갖 수단을 동원한다.

네이선 래들리 *Nathan Radley*   부 래들리의 형제로, 아버지가 죽자 가족과 함께 살려고 집으로 돌아온다.

래들리 부부 *Mr. and Mrs. Radley*   부와 네이선의 부모.

딜(찰스 베이커 해리스) *Dill(Charles Baker Harris)*   젬과 스카웃의 이웃집 친구. 미시시피 주의 메리디언 시에 살고 있지만, 여름 방학이 되면 이모인 레이첼 아줌마 집에 온다.

레이첼 헤이버포드 아줌마 *Miss Rachel Haverford*   핀치의 이웃집에 사는 딜의 이모.

모디 앳킨슨 아줌마 *Miss Maudie Atkinson*   메이콤에서 가장 개방적이고 편견이 없는 사람 중의 하나. 핀치네 길 건너에 산다. 정원 가꾸기를 아주 좋아하며, 핀치네 남매와 얘기하는 것을 즐긴다. 아이들이 아버지와 메이콤 지역사회를 이해하도록 돕는다.

스테파니 크로포드 아줌마 *Miss Stephanie Crawford* 남의 이야기를 즐기는 이웃 아줌마.

헨리 라파예트 듀보스 할머니 *Mrs. Henry Lafayette Dubose* 성질이 고약한 할머니. 젬과 스카웃에게 용기에 대해 중요한 교훈을 가르친다.

그레이스 메리웨더 아줌마 *Mrs. Grace Merriweather* 독실한 감리교 신자. 할로윈 가장 연극의 각본을 담당한다.

거투르드 패로 아줌마 *Mrs. Gertrude Farrow* 메이콤에서 '두 번째로 독실한 여성'. 지역의 선교협회 회원.

톰 로빈슨 *Tom Robinson* 메이엘러 이월을 강간하고 구타했다는 혐의를 받는 흑인.

헬렌 로빈슨 *Helen Robinson* 톰 로빈슨의 아내.

링크 디스 *Link Deas* 톰과 헬렌의 고용주. 톰이 체포된 후에 헬렌이 이월의 집 앞을 무사히 지나다닐 수 있도록 해준다.

밥 이월 *Bob Ewell* 이월 집안의 가장. 사회보장 연금으로 나오는 수표는 술을 마시는 데 써버린다. 톰이 메이엘러를 강간하고 구타하는 것을 목격했다고 주장한다.

메이엘러 바이올릿 이월 *Mayella Violet Ewell* 밥 이월의 딸로 19세. 톰 로빈슨에게 강간과 구타를 당했다고 고발했다.

버리스 이월 *Burris Ewell*　밥 이월의 아들. 학교에는 1년에 하루만 나온다.

스카이스 목사 *Reverend Skyes*　흑인 교회의 목사. 젬과 스카웃이 톰의 재판을 이해하도록 돕고, '흑인석'에 앉도록 자리를 마련해 준다.

존 테일러 판사 *Judge John Taylor*　톰의 재판을 담당하는 판사. 톰의 국선변호사로 애티커스를 지명한다.

호레이스 길머 씨 *Mr. Horace Gilmer*　톰을 기소한 검사.

헥 보안관 *Shriff Heck*　애티커스를 따라가 미친개를 사살하며, 밥 이월에 관한 소식을 전한다.

브랙스턴 브래그 언더우드 씨 *Mr. Braxton Bragg Underwood*　메이콤 트리뷴 지의 소유주 겸 편집인 겸 인쇄인. 노골적으로 흑인을 싫어하지만, 톰이 공정한 재판을 받을 권리가 있다고 옹호한다.

돌퍼스 레이몬드 *Dolphus Raymond*　혼혈아를 여러 명 낳은 사람으로, 마을 변두리에 산다. 메이콤에 올 때는 술에 취한 척한다.

월터 커닝햄 1세 *Walter Cunningham, Sr.*　톰 로빈슨을 처형하러 온 무리 중의 한 명. 애티커스의 의뢰인이기도 하며, 스카웃과 얘기를 나눈 후에 무리를 해산시킨다.

월터 커닝햄 2세 *Walter Cunningham, Jr.*　스카웃의 급우. 스카웃이 운동장에서 월터를 때리려고 하자, 젬은 점심을 같이 먹자고 월터를 집에 데려온다.

캐롤라인 피셔 선생 *Miss Caroline Fisher*　메이콤에 부임한 신임 교사. 학교에 갓 입학한 스카웃을 가르친다.

세실 제이콥스 *Cecil Jacobs* 스카웃 남매와 같은 학교에 다니는 아이. 할로윈 가장 연극에 가는 젬과 스카웃을 놀라게 한다.

리틀 척 리틀 *Little Chuck Little* 스카웃의 동급생. 캐롤라인 선생을 괴롭히는 버리스 이월과 맞선다.

게이츠 선생 *Miss Gates* 스카웃의 3학년 때 담임.

룰라 *Lula* 흑인 교회 신자. 스카웃과 젬이 그곳으로 예배를 보러 오자 심기가 불편해진다.

율라 메이 *Eula May* 마을의 전화 교환원.

에이버리 씨 *Mr. Avery* 듀보스 할머니네 길 건너 집에서 하숙하는 사람.

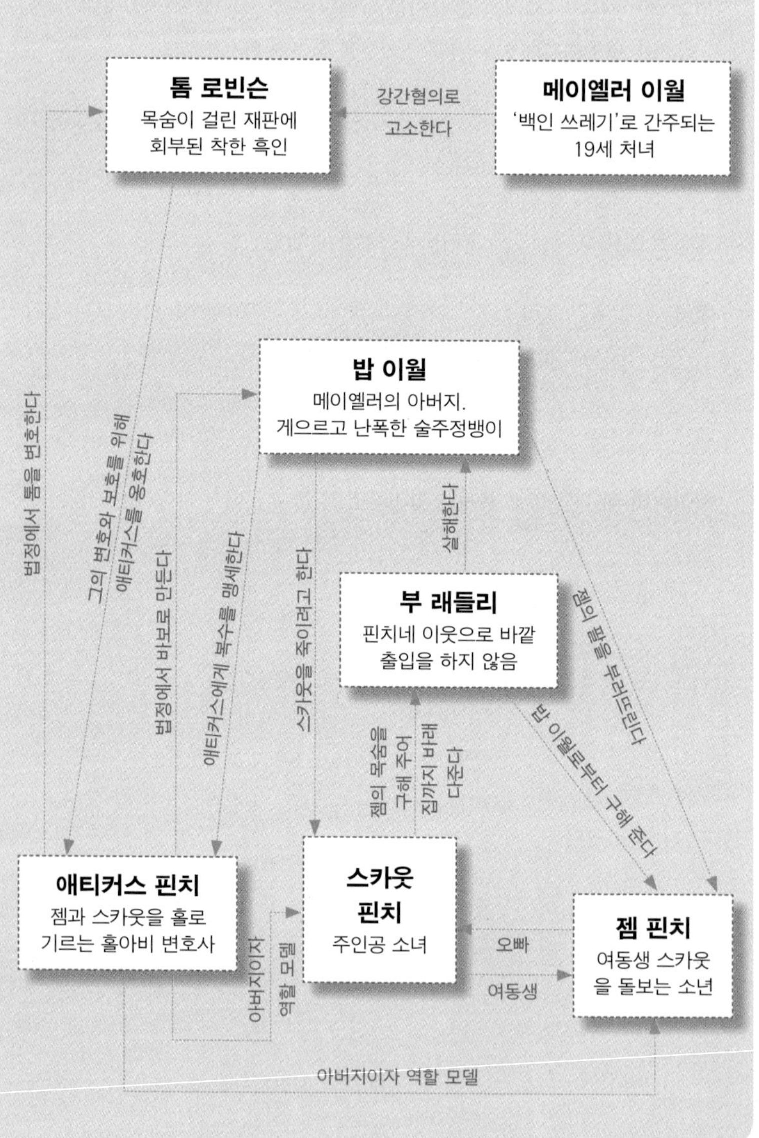

톰 로빈슨
목숨이 걸린 재판에 회부된 착한 흑인
메이엘러 이월
'백인 쓰레기'로 간주되는 19세 처녀
강간혐의로 고소한다
밥 이월
메이엘러의 아버지. 게으르고 난폭한 술주정뱅이
부 래들리
핀치네 이웃으로 바깥 출입을 하지 않음
애티커스 핀치
젬과 스카웃을 홀로 기르는 홀아비 변호사
스카웃 핀치
주인공 소녀
젬 핀치
여동생 스카웃을 돌보는 소년
법정에서 톰을 변호한다
그의 변호와 보호를 위해 애티커스를 옹호한다
법정에서 바보로 만든다
애티커스에게 복수를 맹세한다
스카웃을 죽이려고 한다
살해한다
젬의 팔을 부러뜨린다
밥 이월로부터 구해 준다
젬의 목숨을 구해 주어 결과적으로 바래다준다
아버지이자 역할 모델
오빠
여동생
아버지이자 역할 모델

Chapter별
정리
노트

제사[*]

하퍼 리는 〈앵무새 죽이기〉의 제사에 "변호사도 한때는 어린아이였을 것이다"란 찰스 램[**]의 글을 실었다. 작가가 이 말을 인용했다는 것은 여러 가지 면에서 흥미롭다.

이 소설의 장점은 어린아이의 관점에서 대부분의 이야기를 풀어간다는 데 있다. 작가는 스카웃의 눈을 통해 이야기를 객관적으로 제시할 수 있는 것이다. 순진무구한 어린 여자애의 입에서 나오는 인종차별적인 말과 행동으로 작가는 그 당시의 상황을 객관적으로 독자들에게 전달한다. 어린아이이기 때문에 스카웃은 어른들이라면 지나쳐버리거나 얼버무릴 것을 직시할 수 있다. 독자들도 어른들이 그랬다면 불쾌했을 말이라도 스카웃의 언행을 통해 나온 것은 용서할 수 있는 기분이 들 것이다.

독자들은 스카웃을 통해 작가 하퍼 리가 어떤 사람이었는지 많은 것을 알 수 있다. 하퍼 리의 아버지도 스카웃의 아버지처럼 변호사였으며, 하퍼 리도 법학을 공부했다. 스카웃은 하퍼 리라고 해도 과언이 아니기 때문에 이 제사는 중요한

---

[*] **제사**(題詞): 책이나 장의 첫머리에 싣는 짤막한 인용구.

[**] **찰스 램**(Charles Lamb, 1775-1834): 19세기의 영국의 수필가 겸 비평가.

의미를 갖는다. 작가는 이 이야기에서 자신도 한때는 어린아이였음을 드러내고 있다.

젬은 톰 로빈슨이 무죄인 것이 분명한데도 어떻게 배심원들이 유죄 평결을 내릴 수 있느냐고 묻자 애티커스는 이렇게 대답한다. "그 사람들은 전에도 그랬고, 오늘밤에도 그랬고, 앞으로도 그럴 거야. 그 사람들이 그럴 때마다 우는 것은 어린아이들뿐이지." 이 대답 속에 제사가 지닌 중요한 의미가 담겨있다고 하겠다. 젬은 아버지처럼 변호사가 되고 싶다는 욕구를 여러 번 표현한다. 이 이야기 속에 등장하는 여러 사건이 주는 교훈들은 궁극적으로 변호사로서의 젬과 인간으로서의 젬에게 커다란 영향을 미치게 될 것이다. 독자들은 미래 변호사의 어린 시절을 미리 보는 셈이다.

제 1 부

Chapter 1

 **스카웃, 어린 시절을 회상하다**

이 소설의 내레이터인 스카웃은 오빠 젬의 팔이 부러진 여름을 회상하며, 그 극적인 사건이 어떻게 일어나게 되었는지, 그 배경이 되는 여러 일들을 몇 해에 걸쳐 되돌아본다. 스카웃은 앨라배마 주의 메이콤이란 마을과 그곳 주민들을 간단히 소개한다. 그 사람들 중에는 변호사이자 주의회 의원으로, 아내를 잃고 혼자 아이들을 키우는 자신의 아버지 애티커스 핀치, '검둥이' 요리사이자 가정부 캘퍼니아를 비롯해 여러 이웃 사람들이 포함되어 있다.

이 이야기는 스카웃과 젬이 딜을 처음 만난 여름에 시작된다. 딜은 미시시피 주 메리디안 출신으로, 핀치네 옆집에 사는 레이첼 헤이버포드라는 이모집에서 여름을 보낸다.

어린아이들에게 가장 궁금한 이웃사람은 부 래들리다. 그는 집 안에 처박혀 있기 때문에 아이들은 그 사람을 본 적이 없다. 특히 딜은 부 래들리가 너무 궁금한 나머지 온갖 놀이와 계획을 세워 부를 밖으로 끌어내려고 한다. 그러는 와중에 젬은 도전을 받게 되고, 마지못해 이 도전을 받아들인다. 젬은 래들리네 집 안마당으로 뛰어 들어가 집 벽을 만진다.

1장에서는 앞으로 일어날 사건들의 배경과 그 실마리를 설정해 놓고 있다. 스카웃은 자신이 몸담고 있는 세계를 절대적인 것으로 그리고 있다. 이 절대적인 세계가 이 이야기의 출발점이 된다. 아이들이 점점 자라면서 계속 전개되는 상황과 환경으로 인해 절대적이라고 생각하던 것들이 조금씩 허물어진다. 젬의 팔이 부러졌다는 것과 과거를 회상하면서 이야기를 진행한다는 것이 아이들이 성숙해진다는 것을 암시한다.

주인공들이 성숙해지는 과정을 다룬 소설을 성장소설이라고 부른다. 독자들은 과거를 돌아보며 당시의 자기 모습을 엿보는 내레이터의 시선을 따라가는 특권을 누리게 된다. 스카웃은 어른의 관점에서 이야기를 전달하고 있지만, 어린아이의 눈과 목소리로 말하고 있기 때문에 유머와 재치가 넘치는 이야기가 된다. 스카웃은 또 이 이야기와 일정한 거리를 두고 있어서 사건들이 객관성을 지니지만, 어떤 경우에는 스카웃 자신이 이런 객관성에 의문을 표시하기도 한다. "나는 이월네 집 때문에 이 모든 일이 발생했다고 생각하지만, 오빠는 그것보다 훨씬 오래전에 그 씨앗이 싹텄다고 말했다."

1장의 무대는 앞으로 전개될 이야기와 유기적으로 연결되어 있다. 스카웃의 말을 통해 작가는 앨라배마 주의 메이콤이란 작은 마을의 분위기를 전달하는데, 그곳은 작가의 고향인 앨라배마 주의 먼로빌을 모델로 했다. 이 마을 사람들이 지켜야 되는 규약은 명확하다. 이 마을에서의 사회적 생존 여부는 이 규약을 얼마나 잘 따르느냐에 달려 있다. 스카웃, 젬, 그리고 딜은 이야기가 전개됨에 따라 이런 관습적인 규약에 의문을 품는다.

이 마을에서도 다른 소도시와 마찬가지로 어디 출신인지가 중요하다. 메이콤 주민들은 외지인들에게 의심의 눈초리를 보내는 것이다. 딜은 메이콤의 주민이기도 하고 외지인이기도 하기 때문에 이 이야기에서 중요한 역할을 담당한다. 딜은 다른 주 출신이지만, 어린아이이고, 또 '가족들은 원래 메이콤 출신'이기 때문에 이내 마을 사람으로 받아들여진다. 이 소설에서 딜은 이 마을의 양심의 소리를 대변한다. 딜과 젬이 거북이를 등껍질 속에서 나오게 하는 방법에 대해 의견이 엇갈릴 때 처음으로 딜은 이 역할을 맡게 된다.

주제 탐색 이 소설의 상당 부분은 편견, 크게는 미국 남부, 구체적으로는 메이콤에서의 흑인과 백인의 관계에 초점을 맞추고 있다. 1장에서는 메이콤에서 백인과 흑인에게 적용되는 사회 규약이 매우 다르다는 것을 명확히 한다. 캘퍼니아가 부래들리의 아버지에 대해 나쁘게 이야기하자 아이들이 놀라는 모습에서 확실히 알 수 있다. '캘퍼니아가 백인들에 관해 이러쿵저러쿵 말하는 경우는 거의 없었기' 때문이다.

1장에서 스카웃은 아버지 애티커스 핀치가 어떤 사람

인지 독자들에게 알려준다. 좀 유별난 점이 있지만, 참을성 많고, 아이들을 사랑하는 애티커스는 아이들에게 이성의 목소리를 들려주는 역할을 하며, 나중에는 마을 전체에서 그 역할을 담당한다. 애티커스가 '형법을 지독하게 싫어한다'는 사실은 톰 로빈슨의 재판에 관해 느끼는 감정을 미리 드러내고 있는 셈이다.

주제 탐색 1장에 도입된 주요 주제에는 과연 용기란 어떻게 정의해야 하는 것인지에 대한 문제도 들어 있다. 이 소설에 등장하는 아이들의 나이에는 용기란 바로 래들리의 집을 만지고 와보라는 도전을 받아들이는 것이다.

Chapters 2, 3

  엉망이 된 스카웃의 등교 첫날

새 학기가 시작되자 딜은 미시시피 주로 돌아가고, 스카웃은 1학년이 되는 것에 신경을 쓴다. 스카웃은 지금까지 살면서 학교에 입학해 1학년이 되는 것을 학수고대했다. 그러나 스카웃의 등교 첫날은, 여러 해 겨울 동안 '학교 운동장을 내려다보며, 두 배로 크게 보이는 망원경을 통해 여러 아이들을 훔쳐보면서, 그 아이들의 놀이를 배우고, 그 아이들의 불운과 작은 승리를 몰래 함께 나누기도 하면서' 기대했던 그런 엄청나게 영광스러운 날은 아니다.

스카웃의 담임인 캐롤라인 선생은 이제 막 교사가 된 사람으로, 메이콤에도 처음으로 발을 디뎠다. 그녀는 스카웃이 벌써 읽기와 쓰기를 할 수 있다는 사실을 알자 감정이 상한다. 캐롤라인 선생이 월터 커닝햄에게 점심값을 빌려주겠다고 하자, 스카웃이 나서서 그녀의 행동을 꼬집었다가 벌을 받는다. (월터네 집은 너무 가난해서 빌린 돈을 갚을 수가 없기 때문에 월터는 그 돈을 받으려고 하지 않는다.)

스카웃은 운동장에서 월터를 잡아 자신이 창피당한 것에 대한 분풀이로 패기 시작하지만, 젬이 말리며 월터에게 함께 집에 가서 점심을 먹자고 초대하는 바람에 놀란다. 집에서 스카웃이 월터의 식탁 예절에 대해 잔소리를 하자 캘퍼니아가 스카웃에게 벌을 준다. 학교에서는 캐롤라인 선생이 이번에는 버리스 이월의 몸에 있는 이와 버리스가 학년이 시작되는 첫날만 학교에 나온다는 사실에 난감해 한다.

그날 밤 스카웃은 다시는 학교에 가지 않아도 되기를 바라며, 애티커스에게 학교에서 일어난 일을 이야기한다. 어쨌든 버리스 이월도 학교에 안 다니는 것이나 마찬가지 아닌가. 애티커스는 이월네 식구들을 특별히 생각해야 할 이유를 설명한다. "어떤 사람의 피부 속에 들어가서 막 헤집고 돌아다녀 보기 전까지는 그 사람을 이해했다고 할 수 없단다." 이 말은 스카웃의 머리에서 떠나지 않는다. 이야기가 전개되는 동안 스카웃은 계속해서 애티커스의 이 조언에 따르려고 하지만 성공하기도 하고 실패하기도 하면서 여러 가지 경우에 부딪힌다.

2장과 3장에서 작가는 스카웃을 통해 메이콤이란 지역 사회가 어떻게 돌아가는지 말하고 있다. 독자들은 여기서 스카웃과 같은 반 아이들을 만나게 되는데, 이것은 나중에 그 아이들의 부모 등 어른 가족들과 부딪히게 되는 전초전이다. 아이들은 가족의 축소판이기 때문이다. 예를 들면, 월터 커닝햄은 아버지처럼 예의가 바르고, 겸손하며, 다른 사람의 동정을 받지 않으려고 한다. 독자들은 또 이월네 가족은 별로 좋아할 만한 사람들이 아니라는 사실도 알게 된다. 버리스 이월은 아버지 밥 이월처럼 성질이 아주 못됐다.

스카웃은 등교 첫날에 완전히 엉망이 되었다고 생각한다. 사실 학교에 들어가기 전에 기대했던 것과 비교하면 무리가 아니다. 그러나 스카웃은 교실 안팎에서 사람들에 관해 여러 가지를 배운다. 하루에 중요한 교훈을 많이 배운 것이다. 그 중에서 가장 중요한 것은 겉모습과 실제가 다른 경우가 있다는 사실을 처음으로 깨닫게 된다는 것이다.

스카웃은 다른 아이들과는 다르다. 자신이 이미 읽고 쓸 줄 안다는 사실에 대해 캐롤라인 선생이 심한 거부 반응을 보이자 스카웃은 깜짝 놀란다. 아니, 다른 아이들은 읽고 쓸 줄 모르나? 스카웃은 이렇게 한탄한다. "나는 일부러 읽기를 배우려고 한 적은 없지만, 나도 모르는 사이에 일간 신문 안에 들어가 불법적으로 뒹굴고 있었어." 작가가 소설 여기저기에 심어놓은 유머러스한 말이다. 캐롤라인 선생이 스카웃에게 이제는 학교에 다니니까 집에서는 책을 읽거나 쓰지 말라고 하자 더욱 황당해 한다.

문체 탐색 스카웃의 아버지가 학교에서 맞닥뜨리는 권위적인 사람이 아니기 때문에 이 여자아이는 더욱 곤혹스럽다. 애티커스는 세상에서 흔히 보는 아버지는 아니다. 작가는 아이들이 아버지를 이름으로 부르는 것을 통해 이 점을 녹자들에게 알리고 있다. 애티커스는 아이들을 독립적인 인격체로 어른을 대하듯이 말한다. 스카웃은 아버지의 이런 태도를 당연하게 받아들인다. "우리는 아빠가 유언장을 읽어주는 것에 익숙해져 있었다. 우리는 이해할 수 없는 말이 나오면 언제나 애티커스의 말을 중단시키고 설명을 요구했다." 만약 캐롤라인 선생이 스카웃과 얘기를 잘 풀어나갔더라면, 둘 다 학교에서의 첫날이 그렇게 형편없지는 않았을 것이다.

외지인들은 '메이콤 방식'을 이해하지 못한다. 작가는 외부인들은 의심의 대상이 된다는 점을 다시 강조한다. 캐롤라인 선생이 출신 군을 얘기하자, "아이들은 캐롤라인 선생님이 그 지역 사람들의 괴팍한 성격을 가졌다고 선언이라도 한 것처럼 불안하게 웅성거렸다."

스카웃은 캐롤라인 선생에게 월터 커닝햄의 불우한 처지를 설명한다. "걔는 커닝햄네 애예요." 스카웃을 비롯한 애들에게는 이 한 마디로 모든 것이 통한다. 그러나 선생님이 이 말을 전혀 이해하지 못하자, 메이콤에 처음 온 사람들에게는 '커닝햄네 애'라는 말이 통하지 않는다는 놀라운 사실을 깨닫게 된다.

물론 스카웃은 '메이콤 방식'을 잘 안다고 생각하지만, 실제로는 자신도 잘 모르고 있었다는 사실을 알게 된다. 스카웃은 버리스 이월네 식구들이 학교에 제대로 다니지 않는 사실을 내세워 자신도 학교에 다닐 필요가 없다고 주장하지만, 애티커스는 이렇게 설명한다. "경우에 따라 사람들은 이월네 식구들의 행동에 눈을 감는 것 같은 간단한 방법으로 그 사람들에게 특권을 주게 되지." 어안이 벙벙해진 스카웃은 애티커스의 설명을 그냥 받아들인다.

작가는 이런 설명을 통해 메이옐러 이월이 사람들이 눈
감아주는 것을 이용해 톰 로빈슨을 고발하게 된다는 복
선을 깔아놓는다. 또한 작가는 스카웃이 그날 래들리네 집 앞
을 두 번 전력 질주한 것을 포함해 네 번이나 지나갔다는 사
실을 언급함으로써 독자들의 뇌리에 부 래들리의 존재를 부각
시키고 있다.

스카웃은 다른 사람들의 단점을 받아들여야 한다는 사
실도 배운다. 스카웃은 형편이야 어떻든 사람들은 모두 똑같
은 가치관을 가지고 있다고 생각한다. 따라서 월터의 식탁 예
절에 관해 잔소리를 하는 것은 당연하다고 여긴다. 그러나 캘
퍼니아는 "이 집에 발을 들여놓은 사람은 모두 네 손님이야.
그 손님에게 잘난 척하면서 잔소리를 하는 것은 두 번 다시 못
봐준다"라고 심하게 나무란다. 설상가상으로 애티커스도 캘퍼
니아의 편이다. 스카웃은 "얘가 먼저 잘못해서 그렇게 된 거
예요"라고 불만을 토로하지만, 이것을 계기로 월터와 친해지
게 되고, 이런 우정 덕분에 결국은 애티커스의 생명을 구한다.

스카웃은 타협의 기술도 터득한다. 애티커스는 등교 첫
날에 관해 이것저것 묻지만, 스카웃은 대답을 거의 하지 않는
다. 다시는 집에서 책을 읽을 수 없다는 것 때문에 너무나 침
울한 것이다. 그러나 결국에 학교에서 일어났던 일을 애티커
스에게 말한다. 애티커스는 스카웃의 기분을 잘 이해해 주면
서 타협안을 제시한다. "네가 학교에 가지 않겠다고 고집을 부

리지 않는다면 전처럼 매일 밤 우리 같이 책을 읽자꾸나.” 그런데 놀랍게도 애티커스는 이러한 타협을 캐롤라인 선생에게는 비밀로 하자고 말하는 것이 아닌가! 이 일로 스카웃은 선의의 거짓말이란 개념을 처음 알게 된다. 이 소설을 통틀어 애티커스는 사람들 사이의 불화를 무마시켜 평화를 찾아주는 역할을 한다. 교사인 캐롤라인의 불합리한 지시를 완전히 무시하지 않고 스카웃과 잘 타협해 사태를 해결하는 모습에서 독자들은 애티커스의 능력과 성격을 처음으로 접하게 된다.

Chapters 4, 5

처음 맞는 여름방학

스카웃이 학교에서 보낸 첫해는 천천히 흘러간다. 스카웃은 젬보다 30분 일찍 파하기 때문에 매일 오후 혼자서 부 래들리의 집 앞을 지나가야 한다. 어느 날 스카웃은 래들리의 집 마당 가장자리에 있는 나무 구멍 안에서 무언가 반짝이는 것을 보게 된다. 다시 돌아가서 찬찬히 보니 껌이 하나 있는 게 아닌가. 젬은 스카웃에게 그 껌을 가져왔다고 나무라지만, 스카웃은 매일 그 나무 구멍 안에 무엇이 들어 있지나 않은지 들여다

본다. 수업이 끝나는 마지막 날에 스카웃과 젬은 나무 안에 들어 있는 동전을 발견한다. 남매는 다음 학년이 시작될 때까지 그 동전을 가지고 있기로 한다.

이틀 후, 딜이 메이콤에서 여름을 보내러 온다. 스카웃과 말싸움을 벌였던 젬은 '부 래들리'란 새로운 놀이를 하자고 제안한다. 스카웃은 젬이 이 게임으로 용기를 증명하고 싶어한다는 것을 알아챈다. 스카웃이 말리지만 두 사내아이들은 부의 생활을 흉내 내고, 결국은 애티커스가 이 놀이에 대해 알게 된다. 그 후, 아이들은 이 놀이를 자주 하지는 않지만 젬과 딜은 스카웃을 끼워주지 않은 채 나무집에서 점점 더 많은 시간을 보낸다. 외톨이가 된 스카웃은 모디 아줌마와 보내는 시간이 많아진다.

스카웃이 젬과 딜에게 끼워달라고 고집을 피우자, 그들은 부 래들리에게 쪽지를 보내 밖으로 나오도록 부탁할 계획이라고 말해 준다. 스카웃과 딜은 망을 보고 젬이 쪽지를 전하려고 하는데, 애티커스가 래들리 식구들을 가만 내버려두라고 말한다.

 스카웃이 1학년을 마칠 즈음 작가는 이 소설의 여러 가지 주요 주제를 제시하고 있다.

스카웃은 학교 안에서가 아니라 학교 밖에서 진짜 교육을 받는다. 스카웃도 이 사실을 인식하고 있는 듯한 말을 한다. "내가 아는 것은 모두 타임 지와 집에서 손에 잡히는 대로 읽었던 책으로부터 배웠다. 그러나 메이콤 군의 학교 제도에 서

서히 발을 내디디면서는 뭔가 속은 것 같은 기분이 들었다."
스카웃에게는 학교 밖에서 배우는 것이 많을 뿐만 아니라, 더
욱 중요한 것들이기도 했다.

젬이 래들리네 집의 참나무 구멍은 어른들의 은신처인
지도 모른다고 말하자, 스카웃은 "어른들에게는 숨는 장소 같
은 건 없어"라고 응수한다. 그러나 나중에 젬과 스카웃은 편견,
종교적 신념, 선악의 개념 뒤에 몸을 숨기는 어른들이 많다는
것을 깨닫게 된다.

모디 아줌마는 메이콤에서 가장 편견이 없는 사람에 속
하고, 진보적인 견해에 따라 생활하는 사람이라 정원의 잡초
도 좋아한다. 모디 아줌마가 자신의 정원에서 자라는 식물에
대해 느끼는 감정은 마을 사람들이 다른 사람들에게 느끼는
감정을 상징적으로 나타낸다. 스카웃은 이렇게 말한다. "모디
아줌마는 하나님의 정원에서 자라는 것은 모두 사랑한다. 잡
초까지도." 그러나 예외는 있다. 모디 아줌마는 정원에 향부자
잡초가 한 뿌리라도 생기면 정원을 모두 망친다며, 향부자 잡
초를 사정없이 뽑아버린다. 비유적으로 말하자면 이월 가족은
메이콤 사회의 향부자 잡초인 셈이다. 또 어떤 사람들은 메이
콤의 흑인들을 '자기들의' 정원에서 뽑아내야 할 향부자 잡초
라고 생각한다. 이런 개념들은 이야기가 진행되면서 아주 중
요해진다.

백인과 흑인은 말도 다르고, 미신도 다르다. 뜨거운 수

증기는 천국에 가지 못해서 지상을 떠도는 영혼을 뜻하는 미국 남부 흑인들이 쓰는 말이다. 젬이 딜에게 뜨거운 수증기에 관해 이야기해 주자, 스카웃은 이렇게 말한다. "오빠가 하는 말은 믿지 마, 딜. 캘퍼니아가 그러는데, 그건 검둥이 말이래." 캘퍼니아는 흑인이지만 백인인 핀치네 아이들이 흑인들의 말을 쓰는 것도, 흑인들의 미신을 믿는 것도 바라지 않는다.

캘퍼니아가 핀치네 아이들에게 흑인들의 용어를 쓰지 못하게 하는 것은 그녀 자신이 백인과 흑인을 차별하고 있음을 말해 준다. 캘퍼니아는 핀치네 아이들에게 백인이 되라고 가르치는 것이다. 이것은 결국 아들인 지보를 흑인으로 자라도록 가르치는 것과 똑같다. 그렇다고 해서 캘퍼니아가 인종분리주의자이거나 차별주의자는 아니다. 다만 당시 미국 남부의 생활 규범에 충실한 것뿐이다.

젬이 부 래들리 놀이를 만들어내자, 스카웃은 이렇게 말한다. "어떤 때는 오빠가 뭘 생각하는지 뻔히 보여. 그런 생각을 해낸 건 래들리네 집을 조금도 무서워하지 않는다는 걸 내게 자랑하고 싶어서야. 나는 겁쟁이지만, 자기는 용감한 영웅이라는 것을 보여주고 싶어서지." 젬에게는 용감하다는 것이 굉장히 중요하기 때문에 그것을 세련되게 보여주려고 무척 애를 쓴다. 그래서 래들리네 집에 손을 대고 올 수 있느냐는 도전을 받아들이는 것부터 시작해, 그 집 마당에 있는 타이어를 집어 와서는 그 집 식구들을 흉내 내는 놀이까지 만들어내는 것이다.

젬은 더욱 용기를 발휘해 딜과 함께 편지를 써서 부에게 전하려고 한다. 그러나 스카웃은 젬이 말처럼 그렇게 용감하지 않다며 꼬집는다. "아니, 래들리네 집에 손을 대고 올 정도로 용감한 사람이라면 낚싯대로 편지를 보내려고 하지는 않을 거야. 아예 현관문을 쳐서 쓰러뜨리는 게 낫지 않을까?"

부에게 편지를 전달하는 일에서 딜이 맡은 역할을 곰곰이 생각해 보면 용기의 또 다른 면이 밝혀진다. 즉, 자기 손에 피를 묻히지 않고 다른 사람을 시키면 누구나 용감해질 수 있는 것이다. 바로 여기서 군중심리가 촉발한다. 딜은 부에게 편지를 보내자는 묘안을 자기가 내놓았다고 자랑하지만, 위험을 무릅쓰고 편지를 전달하는 사람은 젬이다. 톰 로빈슨의 재판 과정에서도 이런 심리가 작용한다.

소설의 이 부분에서는 스카웃의 세계가 아직은 안전하다. 스카웃이 두려워하는 것들이란 대부분 상상의 산물에 불과하다. 따라서 래들리네 집을 지나는 것이 무섭기는 하지만, 나무 구멍에서 발견한 껌은 꺼내서 씹는다. "그 껌은 새 것처럼 보였다. 나는 껌을 핥고는 잠시 기다렸다. 그리고 죽지 않자 그것을 입 속에 쑤셔 넣었다." 이처럼 순진무구한 스카웃도 점점 커가는 과정에서 겉보기에 안전한 것이라도 언제나 믿을 수만은 없다는 점을 깨닫게 된다.

아이들은 이런 개념을 거의 본능적으로 이해하기 시작

한다. 스카웃은 모디 아줌마와 겉보기에는 기꺼이 남을 돕는 것처럼 보이는 다른 이웃을 비교한다. "모디 아줌마는 스테파니 크로포드 아줌마처럼 좋을 일을 하고 다니지는 않았다. 그러나 상식이 조금이라도 있는 사람은 스테파니 아줌마를 믿지 않았지만 오빠와 나는 모디 아줌마를 절대적으로 믿었다." 스테파니 아줌마의 행동과 말 사이에는 엄청난 차이가 있다. 따라서 아이들은 여기서도 겉모습이 반드시 진실은 아니라는 점을 알게 된다.

이 소설이 진행됨에 따라 거의 모든 인물들이 어느 시점에서는 거짓말을 하게 된다. 그 거짓말은 대부분 다른 사람들을 곤란에 처하지 않게 하려는 것이지만, 어떤 거짓말들은 마을 전체를 곤경에 빠뜨리기도 한다.

스카웃은 '딜 해리스는 내가 지금까지 들은 거짓말 중에서 가장 엄청난 거짓말을 하는 애'라고 단언하지만 딜의 거짓말은 대부분 해가 없는 것이다. 그러나 스카웃은 딜이 메이콤에서 여름을 보내는 동안 처음으로 진실과 거짓을 구별하는 법을 배운다. 스카웃이 부 래들리에 관한 소문에 대해 묻자, 모디 아줌마가 대답한다. "그런 소문은 색안경을 끼고 흑인을 보는 것 같은 편견이 4분의 3에다, 스테파니 크로포드가 지어낸 것처럼 있지도 않은 말 4분의 1이 섞인 거야." 스카웃은 이런 말에서 '엄청난 거짓말'은 애들만 하는 것이 아니라는 사실을 처음으로 알게 된다.

스카웃은 또 사람들은 원하는 것을 얻으려고 진실을 왜곡하는 경우도 있다는 것을 이해하기 시작한다. 젬은 딜과 스카웃에게 애티커스가 부 래들리 놀이를 하지 말라고 말하더라도 '돌려서 할 수 있는 방법을 생각해냈다'고 말한다. 스카웃이 '돌려서 할 수 있는 방법을 생각하면' 마음이 편하지 않다는 사실은, 앞으로 듣게 되는 거짓말이 얼마나 지독한지를 암시한다.

그런데 진실을 옹호하는 애티커스가 젬을 속여 부 래들리 놀이의 진짜 목적을 인정하게 하는 것은 역설적이다.

4장과 5장에서 처음 도입된, 여성스러움과 메이콤 지역사회에서 여성이 지닌 역할에 관한 문제는 이 소설의 중요한 주제다.

젬은 스카웃이 여자애처럼 행동한다고 비난하면서, "너 말이야, 스카웃, 어떤 때는 너무 계집애처럼 행동해. 난 그게 너무 못마땅해"라고 자주 말한다.

딜에게서 결혼하자는 말을 들은 스카웃은 당시 많은 여성들이 겪었던 것과 비슷한 곤혹스러움을 경험한다. "딜은 나를 물건처럼 지켜보면서 자기 재산으로 찍어놓았다. 그리고는 평생 나만을 사랑하겠노라고 말하고는 그 다음부터 거들떠보지도 않았던 것이다." 이렇게 사람을 재산으로 취급하는 것은 앞으로 이야기가 전개되면서 심각한 문제가 된다.

지금까지 작가는 네 가지 아주 다른 여성의 유형 — 캘퍼니아, 모디 아줌마, 스테파니 아줌마, 듀보스 할머니—에 대해 언급했다. (아이들이 경칭을 붙이지 않는 어른은 흑인인 캘퍼니아밖에 없다는 사실에 주목하자.)

스카웃은 '계집애'의 의미가 무엇인지 이해하려고 하는 과정에서 다양한 여성상과 직면한다. 스카웃이 모디 아줌마를 다음과 같이 인식하고 있다는 사실은 중요하다. '카멜레온 같은 여성으로, 낮에는 낡은 밀짚모자에 남자 작업복을 입고 화단에서 일하지만, 5시에 목욕을 하고 나면 엄청난 미인으로 변해 현관에 나타나는' 여자인 것이다. 이야기가 전개되면서 스카웃은 모디 아줌마 같은 여인이 되고 싶어한다.

Chapters 6, 7

 ## 시멘트로 막힌 나무 구멍

딜이 메이콤에서 지내는 마지막 날 밤, 딜과 젬은 '부 래들리의 모습을 염탐하려고 느슨한 덧문으로 가려진 창문을 통해 집안을 들여다보기로' 한다. 스카웃은 오빠와 딜이 래들리네 집으로 가는 것을 말리지만, 마지 못해 따라나선다. 래들리네 집에 있던 누군가가 나와서 엽총을 쏜다. 아이들은 래들리네 집 마당에서 허겁지겁 달아나는 와중에 젬의 바지가 담장에 걸려 할 수 없이 바지를 벗고는 안전한 곳으로 도망친다.

동네 사람들이 모여 총성에 관해 이야기를 하자, 딜은 젬의 바지가 없어진 사연에 대해 얼토당토않은 이야기를 꾸며댄다. 애티커스는 젬에게 딜에게서 바지를 받아 집으로 오라고 한다. 집에서 젬은 스카웃에게 래들리네 집으로 가서 바지를 가져오겠다고 한다. 스카웃은 말 그대로 오빠가 죽을까봐 무섭지만, 젬은 애티커스에게 거짓말했다는 것을 인정하기보다는 죽거나 다치는 쪽이 낫다고 생각한다.

다시 학교가 시작된다. 이번 학년에는 수업이 끝나면 젬과 스카웃은 함께 집으로 걸어오게 되는데, 다시금 래들리네 집 나무 구멍에 물건들이 들어 있는 것을 발견하기 시작한다. 더 값진 것을 몇 가지 받게 된 그들은 누군지 모르지만 선물을 넣어두는 사람에게 감사의 편지를 쓰기로 한다. 그 편지를 구멍에 넣으려던 아이들은 그 나무 구멍이 시멘트로 막힌 것을 발견하고는 낙담한다.

　　6장과 7장은 젬과 스카웃이 사물을 이해하게 된다는 측면에서 새로운 국면이 시작되고 있다. 6장에서는 딜과 함께 보내는 두 번째 여름이 끝나고, 7장에서는 스카웃의 두 번째 학년이 시작된다. 스카웃이 젬의 팔이 부러진 원인이 되는 사건들을 회상하는 것이 1장의 첫 문장이었다는 점을 독자들은 상기할 필요가 있다. 6장과 7장에서는 부 래들리 가족과 아이들의 관계를 더욱 깊이 파고들어, 젬의 팔이 부러진 사건을 형성하는 원인들의 기초를 착실하게 다지고 있다.

　　이 두 장에서는 편견이 더욱더 큰 역할을 하기 시작한다. 젬과 딜이 부 래들리를 훔쳐보고 싶어하는 것도 편견 때문이다. 두 아이는 부 래들리와 친해지고 싶어서 그런 것이라고 주장한다. 그러나 독자들은 이쯤에서 두 소년이 부 래들리가 기괴한 모습의 인물일 것이라는 편견을 가지고, 호기심을 채우려고 한다는 사실을 알게 된다.

　　소년들은 스카웃에 대해서도 편견을 드러낸다. "예쁜 천사, 너는 따라올 필요 없어." 사내아이들은 스카웃이 자기들 계획에 동조하지 않는 것을 여자애여서 그렇다고 치부하지만, 사실은 스카웃이 더욱 이성적으로 그 상황을 생각하고 있다.

　　마지막으로 동네 사람들이, '래들리 씨는 채소밭에 있는 검둥이에게 총을 쏜 것'이라고 한 말에서도 편견이 드러난다. 래들리는 물론, 동네 사람들 어느 누구도 그 집에 침입한 사람이 흑인이라는 증거가 없다. 흑인에 대한 선입견에 따라 그렇게 추정하는 것뿐이다. 또다시 들어오는 놈은 '개든 검둥이든 상관없이' 낮게 겨냥해서 쏘겠다는 래들리의 말에서 메이콤에 거주하는 흑인들이 얼마나 열등한 존재로 취급받는지 알 수 있다. 흑인은 개 정도밖에 안 되는 존재인 것이다. 나중에 애티커스가 미친개와 흑인을 직접 대해야 한다는 것은 역설적이다. 애티커스가 이 각각의 상황에 어떻게 대처하는지 보면 그의 도덕관을 알 수 있다.

여기서는 진실이란 것이 흐릿해져서 뒤죽박죽이 된다. 딜은 젬이 바지를 잃어버린 상황에 대해 황당무계한 이야기를 만들어낸다. 동네 사람들은 그 이야기를 믿지만, 애티커스는 몇 가지 질문을 던진다. 독자들은 애티커스가 그 이야기를 믿지 않는다는 것을 알 수 있다. 나중에 래들리는 젬에게 '나무가 죽어가고 있어서' 구멍에 시멘트를 발랐다고 말한다. 래들리나 젬 모두, 그 나무는 잘 자라고 있으며 젬과 스카웃이 더 이상 그 안의 보물을 찾으러 오지 못하게 하려는 조치였음을 잘 알고 있다. 그러나 애티커스가 "우리보다는 래들리 씨가 그 나무에 대해 더 잘 알고 있을 거야"라고 말하자, 젬은 그 설명을 받아들일 수밖에 달리 도리가 없다.

이 장들에서 젬의 용기는 새로운 차원으로 접어든다. 젬은 세 번이나 위험에 노출된다. 래들리네 집 창문을 엿보려고 했으며, 스카웃과 딜이 안전하게 도망칠 수 있도록 도왔고, 바지를 찾으러 래들리네 집으로 다시 갔던 것이다. 마지막 경우에는 벌을 받는 것이 두려워서가 아니라, 자존심을 지키려고 용기를 냈던 것이다. 스카웃은 목숨을 위태롭게 하는 것보다는 거짓말한 벌을 받는 게 좋지 않겠느냐고 하지만, 젬은 고집을 꺾지 않는다. "나는 지금까지 애티커스에게 매를 맞아본 적이 없어. 앞으로도 그러고 싶어." 스카웃은 이런 생각을 이해하지 못하지만, 오빠가 아빠를 실망시키기보다는 목숨을 잃는 편을 택하려 한다는 사실은 깨닫는다.

그날 밤 젬은 엄청난 변화를 겪는다. 스카웃은 이런 변화를 이해하려고 '젬의 피부 안으로 기어들어가 그 안을 헤집고 다니려고 한다'. 그리고 젬은 래들리가 자신과 스카웃이 '우리 나무'라고 부르는 그 나무의 구멍을 왜 시멘트로 막아버렸는지 알게 되자, 또 다른 변화를 겪으면서 어른으로 한 걸음 더 다가서게 된다.

여기서도 스카웃과 젬은 겉모습과 실제가 언제나 같지는 않다는 것을 알게 된다. 두 아이는 누군가가 나무 구멍에 일부러 선물을 놓아두는 것이라고 결론짓는데, 추측은 맞았지만, 그 사람이 모습을 드러내지 않는 이유는 이해하지 못한다. 래들리가 무단침입자에게 어떤 식으로 대처하겠다고 공언하는 것을 들은 젬은 놀라워하며 스카웃에게 "내 바지는 개켜져서 담장에 걸쳐 있었어. 마치 나를 기다리고 있었던 것처럼"

이라고 말한다. 래들리가 총을 쏜 후에는 어느 누구도 그 집에 가려고 하지 않을 텐데, 도대체 누가 젬의 바지를 개켜놓았단 말인가? 둘은 어른들 중 누군가가 거짓말을 하고 있다는 것을 알게 된다. 래들리가 어느 누구도 자기 집에서 무엇을 가져가거나 놓고 가는 것을 원하지 않는다고 시인했다면, 젬은 나무 구멍을 시멘트로 막아놓은 것에 대해 다르게 반응했을 것이다. 래들리네 집은 두 아이에게는 계속 수수께끼로 남는다.

스카웃은 또다시 여성스럽다는 문제를 가지고 씨름한다. 사내아이들이 래들리네 집을 훔쳐보는 놀이에 스카웃을 끼어주려고 해도 스카웃이 계속 그만두자는 의견을 내놓자, 젬이 말한다. "너는 하루가 다르게 계집애처럼 되어가고 있어!" 계집애처럼 행동한다는 말은 칭찬이 아니다. 따라서 스카웃은 어쩔 수 없이 그 놀이의 공범자가 된다.

6장과 7장에서도 남자와 여자의 역할이 확연하게 구별되고 있다. 젬은 되찾은 바지가 꿰매져 있더라는 말을 하면서 덧붙인다. "여자가 꿰맨 것 같지는 않아. 내가 한 것 같아." 1930년대의 미국에서는 여자는 바느질을 잘해야 하고, 남자는 잘하지 못해도 된다는 통념이 있었다. 이렇게 확실하게 구별되는 남성과 여성의 역할에 대해 스카웃은 반감을 느끼는 경우가 많다. 젬은 나무 구멍에 선물을 넣는 사람이 남자라고 믿지만, 스카웃의 생각은 다르다. 젬은 이 신비의 인물이 남자라고 설득시킨다. 스카웃이 보기에는 그 사람이 여자 같지만 그 의견은 곧 무시당한다.

스카웃과 젬의 세계에서는 남자는 울면 안 된다. 나무 구멍이 시멘트로 막힌 것을 보자마자 젬은 이렇게 반응을 보인다. "스카웃, 울지 마." 스카웃도 나무 구멍에 시멘트가 발라져 있는 것을 보고 놀라지만, 우는 기색은 전혀 없다. 그러나 젬은 이미 눈물을 흘린 흔적이 역력하다. 따라서 젬은 스카웃이 아니라, 자신에게 울지 말라고 타이르는 것이다. 젬은 나무 구멍에 놓인 선물을 통해 말없이 쌓인 우정이 완전히 시멘트로 봉해져버린 사실과 감사의 말을 전할 기회가 영원히 사라진 현실을 슬퍼하는 것이다. 좀더 성숙해진 젬은 이상하게도 더욱 여성적인 감성을 지니게 되었으며, 스카웃은 오빠가 왜 그렇게 속상한지 이해하려고 애쓴다.

Chapters 8, 9

 ## 애티커스, 흑인의 변호를 맡다

몇 십 년 만에 처음으로 메이콤에 눈이 내린다. 휴교를 했기 때문에 젬과 스카웃은 눈사람을 만들며 하루를 보낸다. 그날 밤 모디 아줌마의 집이 화재로 전소된다. 젬과 스카웃은 불길이 한참 타오르는 동안 래일리네 집 앞에서 기다리라는 말을 듣는다. 부 래들리가 다가와 떨고 있는 스카웃의 어깨에 담요를 덮어주지만, 젬과 스카웃 둘 다 불구경에 빠진 나머지 알아차리지 못한다. 다음날 스카웃은 모디 아줌마가 아무렇지도 않게 마당에서 일하며 정원을 넓혀야겠다는 말을 하는 것을 보고 놀란다.

크리스마스가 가까워지고, 애티커스가 흑인의 변호를 맡았다는 소식을 들은 반 아이들이 스카웃을 놀린다. 애티커스는 스카웃에게 '머리는 높이 쳐들되 주먹은 내리고… 변화를 위해 머리로 싸우겠다'는 약속을 하라고 요구한다. 스카웃은 그 약속을 지키려고 하지만, 철저하게 지키지는 못한다. 다른 해와 마찬가지로 잭 핀치 삼촌이 크리스마스를 함께 지내려고 온다. 스카웃네 식구들은 알렉산드라 고모네 가족들과 핀치스 랜딩에서 크리스마스를 보낸다. 알렉산드라 고모의 손자 프랜시스가 애티커스의 흑인 변호를 가지고 스카웃을 놀리기 시작한다. 스카웃이 프랜시스에게 덤벼들자, 잭 삼촌이 스카웃을 혼낸다. 전에 삼촌은 스카웃에게 싸우거나 욕하지 말라고 주의를 주었던 적이 있다. 크리스마스 날 밤에 스카웃은 잭 삼촌에게 자기를 혼낸 것이 왜 잘못된 것인지 설명한다. 애티커

스와 잭 삼촌은 곧 있을 톰 로빈슨의 재판에 관해 이야기를 나눈다. 스카 웃이 그 이야기를 우연히 듣게 되는 장면으로 9장이 끝난다.

작가는 8장과 9장에서 여러 가지 상징을 도입한다. 앨 라배마 주에서는 보기 드문 눈이 내리자 스카웃이 소리친다. "세상이 끝나고 있어요, 애티커스! 어떻게 좀 해봐요!" 물론 애티커스는 스카웃을 안심시키지만, 이때부터 스카웃이 알던 세계는 끝나고 있다. 8장이 끝나면 스카웃이 지금까지 알고 있던 것들은 모두 뒤죽박죽되고, 절대적이었다고 생각했던 것들이 의심스러워진다.

젬은 눈사람을 만들려고 머리를 많이 쓴다. 먼저 흙으로 눈사람을 만들자 스카웃이 말한다. "오빠, 난 검둥이 눈사람이 있다는 얘기는 못 들어봤어." 젬은 흙 위에다 눈을 입혀 하얀 눈사람을 만든다. 어떤 면에서 이 눈사람은 메이콤에서 흑인이 어떤 대접을 받는지를 상징적으로 나타낸다. 흑인들은 그들이 지닌 속성에 따라 대접을 받는 것이 아니라, 메이콤 사회의 백인과 어떤 관계를 유지하느냐에 따라 판단된다. 마치 흙으로 만든 눈사람은 눈을 입혀 하얗게 만들기 전에는 아무런 가치가 없는 것과 같다. 아이들이 눈사람을 에이버리 씨의 모습으로 만드는 것으로 작가는 이 점을 아주 교묘하고 능숙하게 전달한다. 그는 이야기에 등장하는 흑인들과는 달리 조잡하고 무례한 백인이기 때문이다.

작가는 8장에서 새에 대한 상징을 도입한다. 모디 아줌마의 집에 불이 붙자 스카웃이 말한다. "비가 오면 새가 어디로 가야 되는지 아는 것처럼, 난 우리 동네에 말썽이 생기는 때를 알았다." 새의 이미지는 이 소설에서 계속 등장하는데, 결국에는 올바른 일을 감지하고 행하는 결정적인 상징으로 이용된다. (작가가 새를 상징으로 이용한 것과 애티커스의 성(姓)이 Finch(방울새)라는 것의 관계에 주목하자.)

젬과 스카웃은 부 래들리를 만날 기회가 있었지만, 다

른 것에 너무 몰입되어 볼 수 없다는 점도 이들의 세계가 변하고 있다는 것을 나타낸다. 더구나 스카웃은 그 담요를 선물로 받아들이지 않고 몹시 두려워한다. 집이 불에 탄 모디 아줌마의 반응도 아이들에게는 혼란스럽다. 가진 것을 모두 잃었는데 어떻게 그렇게 태연할 수 있는가? 모디 아줌마의 손에 난 상처자국이 드러내고 싶지 않은 슬픔의 증거란 사실을 아이들은 깨닫지 못한다.

화재는 스카웃을 비롯한 지역사회 사람들이 앞으로 겪게 될 갈등을 상징한다. 화재로 편안히 꿈나라를 헤매던 스카웃을 비롯한 동네 사람들이 잠을 깬다. 화재의 열기는 매서운 추위와 뚜렷하게 대비되고, 앞으로 다가올 재판과 갈등의 와중에서 사람들이 편이 갈리는 것을 암시한다. 화재도 추위도 메이콤에서는 생소하기 때문에 동네 사람들은 이것을 각각 다른 시각에서 볼 수밖에 없다.

작가는 9장에 나오는 대화를 통해 애티커스가 톰 로빈슨의 재판에서 이길 가능성은 없다는 것을 암시하며, 정의의 문제를 정면에 내세운다. 애티커스는 스카웃에게 이 재판은 이길 수는 없지만, 도덕적으로 옳은 일이기 때문에 싸울 수밖에 없다고 설명한다. 애티커스는 이길 수 없는 상황을 정면 돌파하는 일에 익숙하다.

애티커스는 크리스마스 선물로 아이들에게 공기총을 선물하면서 '어쩔 수 없이 사주는 것'이라고 말한다. 나중에 애티커스는 스카웃과 젬이 새를 쏠 것이란 점도 인정하지만, 총 쏘는 법을 가르치려고 하지는 않는다. 마찬가지로, 애티커스는 배심원단이 톰에게 유죄 평결을 내릴 것이란 사실을 받아들이면서도 온 힘을 기울여 변호한다. (전에는 핀치 가문도 노예를 소유했기 때문에 애티커스가 톰을 변호한다는 것은 더욱 고귀한 행동이 된다.)

스카웃이 잭 삼촌에게 야단을 맞는 과정 속에서 작가는 배심원단이 톰을 어떻게 다루게 될지를 미리 알려준다. 잭 삼촌은 처음에는 스카웃의 얘기를 듣지도 않고 야단부터 친다. 이 '재판'에서 스카웃은 유죄로 판명되기도 전에 벌써 유죄라고 인정받고 있는 셈이다. 그러나 톰과 달리 스카웃은 이 재판에서 이긴다. "삼촌은 내게 얘기할 수 있는 기회를 주지 않았어요. 무조건 야단부터 쳤다고요." 스카웃이 이렇게 말하자 삼촌은 얘기를 들어준다. 작가는 이러한 스카웃의 경험을 통해 톰이 비슷한 상황에서 어떻게 느끼는지 독자들이 이해할 수 있도록 장치를 마련한 것이다.

그러나 스카웃의 '무죄 방면' 이후에도 잭 삼촌은 스카웃이 '매춘부'가 뭐냐고 묻자 우물쭈물하며 대답을 회피한다. 그러자 애티커스가 스카웃의 질문을 피하는 동생에게, "잭! 아이가 뭘 물으면 대답을 하거라. 아이들은 질문을 피하는 걸 금방 알아차려. 그렇게 되면 아이들의 머리가 뒤죽박죽 되는 거야"라고 질책한다. 이런 말에서도 독자들은 애티커스가 지닌 도덕성을 엿볼 수 있다.

스카웃이 프랜시스와 다투는 장면은 또 다른 중요한 사건의 발생을 암시한다. 스카웃은 "사냥감을 잡을 때는 시간을 끄는 게 제일 좋아"란 생각을 한다. 밥 이월이 젬과 스카웃을 해치려고 할 때 바로 이렇게 뜸을 들이는 것이다.

8장과 9장에서도 바깥세상은 스카웃에게 여자다울 것을 강요한다. 잭은 스카웃의 욕설보다는 여자아이가 그런 욕을 사용한다는 것에 크게 놀란다.

스카웃은 '숙녀'가 되고 싶지 않지만, 가족들은 가만히 내버려두지 않는다. 알렉산드라 고모는 남자들보다 적극적으로 스카웃을 여자답게 만들려고 한다. 고모는 여자아이가 바지를 입고 다니는 것을 아주 질색해서 스카웃을 숙녀처럼 만들려고 진력한다.

그러나 애티커스는 스카웃을 위로한다. "알렉산드라 고모는 딸을 기른 적이 없어서 여자아이들을 잘 이해하지 못한단다." 이 점은 아주 흥미롭다. 그러나 더 흥미로운 것은, 숙녀가 되고 싶지 않은 스카웃 자신이 남녀의 역할이 구별되어 있는 듯이 행동한다는 점이다. 프랜시스가 요리를 배우려고 하자 놀라는 것이다.

Chapters 10, 11

아버지 때문에 욕을 먹는 남매

젬과 스카웃은 "애티커스는 약해졌어. 거의 쉰 살이잖아"라며 한탄한다. 아이들은 아버지가 나이가 많아서 다른 아이들의 아버지라면 할 수 있는 일들을 하지 못한다고 믿는 것이다. 그러나 애티커스가 미친개를 쏘는 것을 보고는 생각이 달라진다.

톰 로빈슨의 재판이 가까워지면서 아이들은 점점 더 아버지에 대한 욕설을 듣게 된다. 휠체어에 갇혀 지내는 이웃집의 성질 고약한 듀보스 할머니가 특히 심한 욕을 하자 젬은 할머니의 꽃밭을 망가뜨려 보복한다. 이 사실을 알게 된 애티커스는 듀보스 할머니에게 사과하게 하고는 그녀에게 젬의 처벌을 일임한다. 젬은 한 달간 방과 후에 듀보스 할머니에게 책을 읽어주는 벌을 받는다. 스카웃도 젬과 같이 가기로 한다. 젬이 벌을 다 받고 난 직후에 듀보스 할머니는 세상을 떠난다. 비로소 애티커스는 아이들에게 듀보스 할머니가 중병을 앓았으며, 중독과 아주 용감히 싸우다 죽었다고 알려준다.

제1부의 마지막 두 장인 10장과 11장에서는 제2부에서

벌어지는 재판의 배경을 설정하고 있다. 스카웃과 젬은 아버지에 관해 상당히 감명 깊은 이야기를 듣게 되는데, 이 이야기를 통해 아버지가 톰 로빈슨을 변호하는 이유를 이해하게 된다. 아이들은 또한 추악함과 적개심에 정면으로 부딪히게 된다.

이 소설의 제목이 왜 〈앵무새 죽이기〉인지, 그 이유가 10장에서 설명된다. 애티커스는 스카웃과 젬에게 공기총을 사주면서, "앵무새를 죽이는 것은 죄악임을 잊지 말거라"라고 주의를 준다. 애티커스는 평소에 '죄악'이란 말을 쓰지 않기 때문에 스카웃은 이 말을 듣고 놀란다. 스카웃이 이런 혼란스러운 생각을 모디 아줌마에게 말하자 '앵무새는 우리를 위해 열심히 노래를 불러주기만 하기 때문'이라고 설명해 준다. 부

래들리와 톰 로빈슨은 둘 다 앵무새지만, 스카웃은 이 소설이 끝날 무렵에야 비로소 이 사실을 완전히 깨닫는다.

새 사냥개인 팀 존슨에 대해서도 작가는 새에 관한 상징을 계속 사용한다. 팀은 메이콤 마을의 일종의 마스코트이다. 그러나 어느 날 아이들은 이 개가 이상하게 행동하는 것을 발견한다. 캘퍼니아는 개가 심한 병을 앓고 있으며, 따라서 매우 위험하다는 것을 알아차린다. 아이들 눈에는 개가 이상하기는 해도 미친 것처럼 보이지는 않는다. 미친개는 눈에 띄는 행동을 한다고 알고 있기 때문이다. 스카웃은 이렇게 말한다. "팀 존슨이 그렇게 행동했더라도, 난 많이 무섭지는 않았을 거야." 톰의 재판이 진행되는 동안 마을 사람들도 팀처럼 행동하고 있다는 것을 스카웃은 나중에 알게 된다. 사람들은 전과 똑같아 보이지만, 그 겉모습 뒤에는 위험이 도사리고 있는 것이다. 더 중요한 사실은, 팀이 동네로 다가오자 앵무새조차도 가만히 있다는 것이다.

톰 로빈슨의 재판 과정, 더 나아가 팀 존슨을 통해서도 젬과 스카웃은 아버지를 더욱 깊이 알게 된다. 애티커스가 어렸을 때는 '한 방에 맞히는 핀치'란 별명으로 불렸다는 것을 들은 젬과 스카웃은 기분이 좋다. 아이들은 아버지가 왜 다른 메이콤 남자들처럼 그런 사냥 기술을 계속 사용하지 않는지 이해하지 못하고 다시 모디 아줌마에게 답을 청한다. "아마 다른 생명체들에 비해 불공평하게 유리한 기술을 하나님이 주신 것을 알아차리고 총을 내려놓으셨을 거야." 애티커스는 대항할 수 없는 것들보다 우위에 서기 싫은 것이다. 따라서 메이콤의 백인들이 지닌 편견이란 총 앞에 무력한 흑인 톰을 변호하지 않을 수 없다.

캘퍼니아가 팀 존슨이 다가온다고 래들리네 집에 알리러 갈 때 스카웃이 말한다. "캘퍼니아는 집 뒤로 돌아가야만 한다." 이 말에서 독자들은 당시에 흑인이 어떠한 처지였는지 알 수 있다. 스카웃과 젬에게 캘퍼니아는 엄마 같은 존재인데도 스카웃은 백인과 흑인에게 적용되는 사회 규범이 다르다는 것을 인정하고 있다. 스카웃이 이런 것에 대해 의심을 품지 않는 것은 성격적 결함 때문이 아니다. 당시 미국 남부에서는 흑백 분리가 법이었다. 스카웃은 이런 법이 비열하거나 불공평하다고 생각하지 않는 것뿐이다.

젬과 스카웃은 10장과 11장에서 또다시 용기에 대한 정의를 바꾸지 않으면 안 된다. 애티커스가 듀보스 할머니에게 밝게 인사를 건네자, 스카웃은 아버지가 '이 세상에서 제일 용감한 사람'이라고 생각한다. 그러나 애티커스가 아이들에게 '듀보스 할머니가 내가 아는 사람들 중에서 제일 용감하다'고 말하는 것은 역설적이라고 할 수 있다. 그렇게 치사하고 비열한 사람이 용감할 수 있다는 것은 젬과 스카웃에게는 새로운 사실이다. 애티커스가 듀보스 할머니의 용기에 대해 말해 주기 전까지 아이들은 그 노파를 증오했다.

스카웃은 아버지의 부탁에 따라 욕하는 아이들에게 주먹질을 하지 않고 비겁한 사람이 되기로 한 것을 스스로 자랑스러워한다. 애티커스는 아이들에게 이런 말을 들려주었다. "애초에 질 것을 알면서도 무언가를 시작하고, 어떻게 되든 간에 끝까지 해내는 것이 진정한 용기란다." 이 말은 젬과 스카웃에게 일종의 계시 같은 역할을 한다.

이런 계시와 함께 양심의 문제도 등장하는데, 작가는 이것을 상당히 직접적으로 다루고 있다. 스카웃이 톰을 변호하는 이유를 묻자 애티커스가 답한다. "톰 로빈슨 사건은 양심의 본질에 속하는 문제란다. 내가 그 사람을 도우려고 하지 않는다면 나는 교회에 가서 하나님을 경배할 수 없어." 젬은 듀보스 할머니의 마지막 선물에 상당히 강한 영향을 받는 듯하지만, 사실은 자기 양심과 싸우고 있는 것이다. 그는 듀보스 할머니에 관해 온갖 사악한 생각을 한 끝에 노파가 그런 행동을 하는 이유를 인정하지 못하지만 이해는 할 수 있다는 것을 깨닫는다. 젬은 용기와 자기 행동의 원인에 대해서도 들여다볼 수 있게 되는 것이다.

여기서도 남성답다는 것과 여성스럽다는 문제가 계속 대두된다. 여자아이들은 총을 잘 쏘지 못한다는 전통적인 관념이 지배적이다. 그러나 애티커스는 스카웃에게도 공기총을 사주는데, 스카웃은 이것을 이상하게 생각하지 않는다. 젬은 더욱더 애티커스를 존경하고, 그럴수록 자신을 '신사'라고 생각하게 된다. 그런데 젬은 스카웃과 함께 듀보스 할머니의 집으로 갈 때 숙녀처럼 행동하라는 주의를 주는 게 아니라 "그 여자에게는 조금도 신경 쓰지 마. 그냥 머리를 꼿꼿이 들고, 신사처럼 행동해"라고 말한다. 나중에 젬은 애티커스가 듀보스 할머니를 '훌륭한 숙녀'라고 말하자 충격 받는다. 그 노파의 행동거지가 아주 비열했기 때문이다.

제 2 부

Chapters 12, 13

알렉산드라 고모가 오다

    여름이 다가오자 젬은 여동생이 따라다니는 것이 귀찮은 나이가 되고, 스카웃은 매우 실망한다. 설상가상으로 딜도 이번 여름에는 메이콤에 오지 않는다고 한다. 그래도 캘퍼니아가 있기에 스카웃의 외로움이 어느 정도는 덜어진다. 애티커스가 의회의 특별 회의에 참석하러 가기 때문에 캘퍼니아가 자기가 다니는 교회로 아이들을 데리고 간다. 교회에서 돌아와 보니 알렉산드라 고모가 현관에서 기다리고 있다. 고모는 애티커스의 부탁을 받고 '당분간' 함께 살 것이라고 말한다. 알렉산드라 고모는 핀치네 가문의 예의범절이 얼마나 중요한지 아이들에게 교육시키려고 하기 때문에 애티커스 역시 그답지 않게 스카웃과 젬에게 일장 연설을 하는 지경까지 이른다. 결국 애티커스는 그 말을 취소한다.

    이 소설에 등장하는 세 번째이자 마지막 여름이 시작된다. 방학이 되고 스카웃의 진짜 교육이 다시 시작되는 것이다.

사실, 이 여름에 스카웃, 젬, 딜은 인생에서 가장 중요하고 평생 지속되는 교훈을 배우게 된다. 작가는 젬에게 일어난 변화를 언급하면서 이 점을 암시한다. 젬은 스카웃이 '귀찮게 따라 다니는 것'을 싫어하게 된다. 캘퍼니아는 젬을 어른들을 부를 때나 사용하는 '미스터'를 붙여 부르기 시작한다. 또 젬은 매우 지혜를 갖춘 분위기를 풍기는데, 스카웃은 이런 변화들을 이해하지 못하지만 어른들은 당연하게 받아들인다.

이번 여름에 시작되는 사소한 어려움은 톰의 재판 동안 아이들이 직면해야 되는 훨씬 큰 어려움을 암시한다. 스카웃은 매일 함께 놀던 친구 젬이 없어 화가 나고, 딜은 이번 여름에는 메리디안에서 지내게 될 것이라고 한다. 애티커스는 의회의 특별 회의에 참석하라는 통보를 받고, 알렉산드라 고모가 함께 지내려고 온다. 이처럼 실망스럽고 어려운 일들은 톰 로빈슨의 재판에 따르는 보다 큰 모순과 의외의 결과를 암시하는 것이다.

한동안 스카웃과 젬은 톰을 변호하기로 한 애티커스의 결정을 모욕하는 사람들에게 화를 냈다. 그러나 12장과 13장에서 아이들은 사람들이 자기 자신을 어떻게 생각하는지도 중요하다는 것을 이해하기 시작한다. 특히 '틈만 나면 다른 집안이 핀치 가문에 비해 얼마나 결점이 많은지를 지적하는' 알렉산드라 고모의 견해도 중요하다는 것을 깨닫게 된다.

캘퍼니아도 다른 사람들이 어떻게 생각하는지에 대해

걱정한다. 자신이 다니는 교회에 젬과 스카웃을 데리고 가게 된 캘퍼니아는 아이들의 옷차림과 청결 상태에 지나칠 정도로 신경을 쓴다. '누구에게서도 내 아이들을 돌보지 않는다는 말을 듣고 싶지 않기' 때문이다. 캘퍼니아는 핀치네 아이들을 정말로 자식처럼 생각하지만, 자신은 흑인이고, 아이들은 백인이다. 아이들은 가장 저급한 편견을 이해하지 못하고 있으며, 캘퍼니아도 그런 편견을 가지고 있는 것 같지 않다. 따라서 아이들은 캘퍼니아가 다니는 교회에 갔다가 흑인들이 백인에게 갖는 편견을 경험하고 놀란다. 룰라란 독실한 신자가 캘퍼니아에게 따지고 든다. "왜 백인 아이들을 검둥이 교회에 데리고 온 거야?" 백인과 마찬가지로 흑인도 백인에게 편견을 가진 것처럼 보인다. 이 경우에는 아이들이 앵무새가 된다. 스카웃과 젬은 캘퍼니아를 기쁘게 하고, 하나님을 경배하기 위해 교회에 왔을 뿐이다. 이런 경험을 한 아이들은 백인 배심원단에게 억울하게 죄인 취급을 당하는 톰에게 더욱 강한 동정심을 느낀다. 그러나 메이콤의 모든 백인들이 편견을 지닌 것은 아니듯이 캘퍼니아가 다니는 교회의 흑인 신도들 역시 모두 편견을 가지고 있지는 않다. 스카이스 목사와 지보는 아이들의 방문을 기뻐하며, 직접 말로 표현한다.

아이들은 캘퍼니아가 다른 흑인들과 주고받는 말을 듣고 더욱 놀란다. "캘퍼니아가 두 가지 언어를 사용할 수 있다는 사실은 말할 것도 없고, 우리 집을 나서면 또 다른 사람으로 존재한다는 사실이 참으로 놀라웠다." 스카웃이 백인과 흑인이 다른 언어를 사용한다는 사실을 깨닫는 것도 놀랍지만, 더욱 중요한 것은 캘퍼니아가 두 언어를 모두 능숙하게 구사하는 것에 감명 받는다. 만약 스카웃이 편견이 있는 가정에서 자랐더라면, 흑인이 사용하는 영어는 '열등한' 언어라고 생각할 것이다.

순진한 젬과 스카웃은 흑인 교회 신도들 중에서 글을 읽을 줄 아는 사람이 네 명밖에 되지 않는다는 사실에 놀란다. 메이콤의 흑인들은 대부분 교육 기회를 박탈당하고 있다는 사실을 아이들은 모르고 있다. 캘퍼니아가 흑인들은 백인처럼 빨리 늙지 않는다고 하자, 순진한 스카웃은 '아마 글을 읽을 줄 모르기 때문일 것'이라고 진지하게 답한다. 마치 글을 읽는 것이 모두가 짊어져야 할 짐은 아니라는 듯이. 작가는 아이들의 순진한 말을 통해 흑인들이 일상생활에서 받고 있는 불평등을 강조한다. 이월네 아이들까지 포함해서 백인 아이들은 모두 글 읽는 것을 배울 기회를 부여받고 있는 것이다.

그러나 캘퍼니아는 메이콤에 거주하는 흑인들의 생활을 한탄하지도, 아이들에게 편견에 대해 설명하려고 들지도 않는데, 참으로 놀라운 일이다. 캘퍼니아는 아이들의 질문에 대답만 해주고, 나머지는 스스로 생각하도록 한다. 스카웃이 캘퍼니아의 집에 가보자고 하자, 백인들은 보통 흑인 집에는 가지 않는다고 말하지 않고, '환영한다'며 미소 짓는다.

그러나 알렉산드라 고모는 메이콤의 백인들처럼 흑인에 대한 편견을 갖고 있다. 고모는 흑인 운전기사를 두고 있으며, 캘퍼니아가 인사도 하기 전에 "내 가방을 앞쪽 침실로 갖다 놓아"라고 말한다. 젬이 가방을 가져가겠다고 나서는 것은 그만큼 성숙하고 편견이 없다는 것을 나타낸다.

알렉산드라 고모는 애티커스네 집에 온 이유가 스카웃을 '여성스럽게' 기르기 위해서라고 공언한다. 그러나 스카웃은 캘퍼니아에게서 '여성다운 것'은 충분히 배우고 있다고 여긴다. 알렉산드라 고모는 제아무리 훌륭한 흑인 여성이라도 백인 아이의 모범이 될 수는 없는 법이라고 말한다.

12장과 13장에서 스카웃은 다른 식구들과의 관계에서도 여성스럽다는 문제에 부딪히게 된다.

젬은 스카웃이 계집애처럼 행동한다고 비난하는 대신, "이제는 여자답게 행동할 때가 됐다"고 정반대로 말하기 시작한다. 이처럼 젬이 갑작스레 변하자 스카웃은 너무 놀라 눈물까지 흘린다.

나중에 애티커스가 '이제는 숙녀처럼, 신사처럼 행동할 때'라고 말하자 아이들은 혼란스러워한다. 이내 자기 의도가 잘못 전달되었다는 것을 깨달은 애티커스는 했던 말을 취소하고는 아이들의 사기를 북돋아주려고 웃음으로 넘어가려고 한다. 그러나 스카웃의 생각은 이렇다. "애티커스는 남자야. 이런 일은 여자가 해야 되는 거야." 따라서 13장이 끝날 무렵에는 스카웃도 여자의 의미를 깨닫기 시작한다.

캘퍼니아는 알렉산드라 고모보다 훨씬 부드러운 수단으로 스카웃에게 여성스럽다는 것이 무엇인지 보여준다.

캘퍼니아는 어떤 기준을 강요하지 않기 때문에 스카웃은 그녀가 전달하는 교훈을 자발적으로 흡수한다. 젬이 사춘기에 접어들자 스카웃은 저절로 캘퍼니아가 일하는 부엌에 들어가 일을 거든다. "캘퍼니아가 일하는 모습을 지켜보면서 나는 여자가 된다는 것은 어떤 기술이 필요하다고 생각하기 시작했다." 알렉산드라 고모는 스카웃의 모범이 되고 싶어하지만, 스카웃은 모디 아줌마나 캘퍼니아 같은 여자들을 본보기로 삼는다. 고모가 친구들에게 내놓을 음식 장만을 캘퍼니아에게 맡기지 않는 모습을 통해 작가는 두 사람을 나란히 대비시킨다.

캘퍼니아가 다니는 교회에서 스카웃은 '여자는 정결하지 않은 인간이란 기독교의 교리에 직면한다'. 다른 목사들처럼 스카이스 목사도 여자가 이 세상에 가져온 사악함에 대해 강론을 하는데, 이상한 것은 세상 사람들이 스카웃을 그런 여자로 만들려고 한다는 점이다. 스카웃에게는 참으로 혼란스러운 시간이다.

Chapters 14-16

아빠의 목숨을 구하는 스카웃

스카웃이 캘퍼니아가 다니는 교회에 갔다온 얘기를 아무렇지도 않게 애티커스에게 하자 알렉산드라 고모는 기절초풍하고, 캘퍼니아의 집에 가도 되느냐고 묻는 스카웃에게 열을 내며 안 된다고 한다. 스카웃이 방에서 나가자 알렉산드라는 이제 가정부는 필요 없지 않느냐면서 캘퍼니아를 내보내라고 애티커스에게 권한다. 이번에는 애티커스가 열을 내며 알렉산드라의 권고를 받아들이지 않는다. 젬과 스카웃은 어른들끼리 문제를 해결하도록 내버려두고 나가지만 결국은 서로 주먹질을 한다. 아이들은 일찍 잠자리에 들라는 말을 듣고, 잘 준비를 한다. 스카웃은 캄캄해진 방을 가로지르다가 뱀 같은 것이 있다고 느낀다. 젬이 그 '뱀'은 딜이라는 것을 알아차린다. 딜은 메이콤으로 도망쳐오느라고 신나는 모험을 했다는 얘기를 들려준다. 젬은 애티커스에게 말해 딜과 함께 잠을 잔다.

딜의 어머니가 메이콤에서 여름을 보내도 좋다는 허락을 내려 아이들은 같이 즐겁게 지낼 수 있게 된다. 테이트 보안관을 비롯

한 일단의 남자들이 집에 들러 톰 로빈슨이 군 유치장으로 이송되었는데 말썽이 일어날 것 같다는 말을 애티커스에게 전한다. 일요일인 그날 밤 애티커스가 시내로 향하자 젬은 이상한 느낌이 든다. 잠잘 시간에 젬, 스카웃, 딜은 상황을 알아보려고 시내로 간다. 그들이 유치장 밖에 애티커스가 앉아 있는 것을 보고 다시 집으로 향하려고 하는 순간, 남자들 한 무리가 다가와서 애티커스에게 따진다. 이 상황이 얼마나 위험한지 모르는 스카웃이 무리 속으로 뛰어든다. 긴장된 순간이 흐르고, 스카웃은 월터 커닝햄의 아버지와 이야기를 나눈다. 그 후 무리는 해산하고, 애티커스의 생명을 구한 셈이 된다.

재판이 시작되는 다음날 아침, 애티커스는 스카웃과 군중심리에 대해 이야기를 나눈다. 그는 아이들에게 무리들이 나타났을 때 와준 것에 고마움을 표한다. 애티커스는 아이들에게 재판이 열리는 동안 법정에 오지 말라고 하지만, 정오가 되자 호기심을 이기지 못한 아이들은 법정으로 향한다. 법정 안에 그들이 앉을 자리가 없자, 스카이스 목사가 '흑인용 좌석'에 자리를 마련해 준다. 아이들은 반기며 그 자리에 앉는다. 독자들은 테일러 판사와 처음으로 대면한다. 그가 애티커스를 톰 로빈슨의 국선변호인으로 지명한 것을 알고 전에 아이들이 크게 놀란 적이 있다.

　　14장부터 16장까지는 편견이 여러 가지 방식으로 전면에 드러난다. 알렉산드라 고모는 스카웃이 캘퍼니아 집에 놀러가는 것을 허락하지 않는다. 백인 여자애가 흑인 동네에 가서도 안 되는데 하물며 집 안에 들어가는 경우는 더욱 있을 수 없다는 것이다. 알렉산드라 고모는 캘퍼니아를 해고해야 된다고 생각하지만 애티커스는 캘퍼니아를 옹호한다. "캘퍼니아가 아이들을 길러서 조금도 해가 된 것은 없어요. 사실 어떤 면에서 보면 엄마가 기르는 것보다 더 엄격하게 대했죠." 흑인들에 대한 편견이 지배적인 환경 속에서 애티커스가 흑인 여성의 손에 아이들을 맡겼다는 것은 놀라운 일이다. 또한 애티커스는 캘퍼니아를 가족으로 생각한다. 이러한 애티커스의 태도는 메이콤의 대다수 백인들과는 아주 다른 모습이다.

　　유치장 앞에서 떼로 몰려온 사람들을 겪은 다음날 아침에 애티커스의 언행을 보면 흑인에 대한 그의 태도를 더욱 명확히 알 수 있다. 알렉산드라 고모는 캘퍼니아가 듣는 자리에서 언더우드 씨가 '흑인을 경멸한다'는 말을 애티커스가 한 것에 대해 나무라자 그는 '식탁에서 할 수 있는 말은 모두 캘퍼니아 앞에서도 할 수 있다'고 맞받는다. 알렉산드라 고모는 흑인들이 백인들 소문을 퍼뜨릴까봐 두려워하지만, 애티커스는 백인들이 소문거리를 만들지 않으면 된다고 말한다. 알렉산드라는 겉모습에 신경을 쓰는 반면, 애티커스는 항상 현실을 직시하라고 말한다.

1930년대의 미국 남부에서 인종 분리는 사회 규범이었을 뿐만 아니라 법률이었다. 공공장소에는 흑인들이 앉는 자리는 따로 지정되어 있었으며, 입구도 다른 경우가 많았다. 심지어 화장실과 식수대도 따로 사용했다. 톰 로빈슨의 재판이 벌어지는 법정에서 흑인들은 1층에 앉을 수 없다거나, 백인들이 모두 법정 안으로 들어간 후에야 흑인들이 들어갈 수 있다는 것 등은 모두 당시의 상황을 그대로 나타낸다. 스카이스 목사가 '흑인용 2층석'의 자리를 마련해 주자 순진한 아이들은 고마워하며 앉는다. 아이들은 문화적으로 금기시되는 것을 깨뜨리고 있다는 사실을 모른다. 흑인들 사이에 앉는 것이 싫어서 재판을 방청하지 않는 백인들도 많다. 그런데 스카웃은 2층이 1층보다 재판 과정이 더 잘 보인다는 사실을 알게 된다. 목사와 백인 아이 셋이 들어오자 2층 앞자리에 앉아 있던 흑인 네 명이 자리를 비켜준다. 흑인은 백인이 앉으려고 하면 자리를 양보해야 한다.

주정뱅이에다 흑백 혼혈 자식들이 있다는 소문이 도는 돌퍼스 레이몬드라는 사람의 이야기를 통해 작가는 어떻게 인종이 결정되는지에 관한 흥미로운 화제를 도입하고 있다. 흑인보다 더 열등한 존재는 혼혈인이다. 백인과 흑인의 피가 섞인 아이는 그 어느 쪽에도 속하지 않는다. 흑인들은 반은 백인이라고 끼워주지 않고, 백인들은 흑인이라고 배척한다. 따라서 혼혈아는 어디에도 속할 수 없는 어중간한 위치다.

젬이 어떤 아이들을 혼혈아라고 하지만, 스카웃은 그 아이들이 피가 섞였는지 아닌지 구별할 수 없다. 그리고 자신들도 피가 섞였는지 아닌지 젬이 어떻게 알 수 있는지 궁금하다. 젬은 잭 삼촌과 이 문제를 놓고 이야기하는데, 잭은 몇 세대 이전의 조상 중에 흑인이 있었을지도 모른다고 말한다. 어느 정도 안심이 된 스카웃은 세대가 많이 흐르면 인종 같은 것은 중요하지 않게 된다는 결론을 내린다. 그러나 젬은 "여기서는 흑인의 피가 한 방울이라도 섞이면 흑인으로 취급당한다"고 말한다. 젬과 스카웃은 자신들에게도 흑인의 피가 섞여 있을지도 모른다는 사실을 받아들인다는 점에서 이 대화는 중요한 의미를 지닌다. 아이들은 흑인 사회에 대해 보다 개방적인 태도를 취하게 되고, 대다수의 메이콤 주민들에 비해 흑인에 대한 편견을 덜 갖게 되는 것이다.

소설의 이 부분에서 장소의 중요성이 다시 부각된다. 법정으로 향하는 주민들을 지켜보면서 "젬은 딜에게 유명 인사들의 역사와 됨됨이를 말해 주었다." 여기서 딜은 아이들이 지역사회를 이해하도록 만드는 중요한 매개체가 된다. 젬과 스카웃에게는 당연한 것도 딜에게는 새로워서, 자기들이 사는 곳을 다른 각도에서 보게 되는 것이다.

딜이 집에서 도망치듯 다시 메이콤으로 돌아올 수밖에

없었다는 점에서 장소는 또 다른 중요성을 지닌다. 딜은 계부와 사이가 좋지 않고, 메이콤에서 보내는 여름은 이미 그의 일부가 되었던 것이다. 메이콤에서 여름을 두 번 보내고 나자 딜은 이곳 사람이 되었다. 백인이 아니라면 메이콤은 살기 좋은 곳이 아닐지 모르지만, 딜에게는 다른 곳은 폭풍우가 몰아쳐도 메이콤은 안전한 피난처 같은 곳이다. 메이콤은 스카웃에게도 피부처럼 떼려야 뗄 수 없는 부분이다. 딜이 집에서 도망친 이유를 들으면서, 스카웃은 생각한다. "애티커스가 내 도움과 조언이 필요 없다고 생각하면 난 어쩌지? 내가 없으면 캘퍼니아도 제대로 지낼 수 없을 거야. 그 사람들은 내가 필요해." 자신이 속해 있다고 여기는 곳에서 필요 없는 존재가 되어버린다는 생각은 스카웃에게는 아주 생소하다. 나중에 스카웃과 딜은, 부 래들리가 분명히 필요한 존재라고 느끼지 않을 텐데도 도망치지 않는 이유를 놓고 이야기를 나눈다. 딜은, 어쩌면 '도망쳐서 안전하게 지낼 곳이' 없기 때문일지도 모른다고 생각한다.

이 부분에서 작가는 어린이다운 순진함이 남아 있는 딜과 어른스러워진 젬을 대비시키고 있다. 셋 중에서 아직도 부 래들리를 밖으로 끌어내려고 하는 아이는 딜뿐이다. 사탕을 흘려놓으면 부가 집에서 나올 것이라고 말하는 딜은 어른이 아니라 어린아이가 좋아할 만한 방법을 생각해내고 있다. 딜을 애티커스 몰래 숨겨주지 않으려고 하는 젬은 보다 성숙한 모습을 보여준다. 애티커스를 부르면 아이들이 화를 내리란 것은 잘 알지만, 딜의 가족들이 걱정할 것도 알고 있는 눈치다.

태어나서 처음으로 아빠의 말을 거역하는 젬은 어른을 향해 한 걸음 더 다가간 셈이다. 스카웃은 이렇게 설명한다. "험악한 분위기에 몰린 상황에서 애티커스는 젬에게 몸조심을 하라고 말했지만 젬은 '나는 안 가요'라고 단호하게 대답할 뿐이었다." 스카웃은 젬이 진정한 용기를 발휘하고 있다는 것을 깨닫지만, 이 일이 있고 나서야 비로소 젬과 아버지의 관계가 새로운 차원으로 접어들었다는 것을 알게 된다.

스카웃은 오빠와 오빠가 새롭게 발견한 지혜에 발맞춰 생활하려고 노력하고, 실제로 더 성숙해지기도 하지만, 젬이 스카웃을 대하는 모습을 통해 판단하면 여전히 인생의 복잡한 면을 잘 이해하지 못하는 어린아이란 것을 알 수 있다. 이처럼 스카웃이 순진하기 때문에 나중에 재판 과정에서 드러나는 어려운 문제들을 객관적인 시각에서 정확히 전달해 줄 수 있는 것이다.

유치장 앞에서 지키고 있는 애티커스를 위협하는 무리들을 상대하는 과정에서 아이들은 용기에 대해 새로운 인식을 하게 된다. 우선, 톰 로빈슨을 해치려는 무리를 막으려고 법원으로 향하는 애티커스의 용기를 알게 된 젬은 무리의 위협을 받는 아버지의 곁을 지킴으로써 용기를 보여준다. 스카웃은 더 큰 용기를 발휘해 떼를 지어온 남자들에게 이야기를 한다.

그러나 스카웃은 그것이 얼마나 용감한 행동인지 모르고 있다. 그날 밤 침대에 누워서야 비로소 용기와 만용의 차이는 종이 한 장에 불과하다는 사실을 깨닫는다. 그 과정에서 딜이 조용히 있다는 사실은 중요한 의미를 갖는다. 딜은 보고 듣는 것을 흡수할 뿐이다. 이런 태도를 통해 톰의 재판 과정에서 딜이 어떤 태도를 취할지 짐작할 수 있다.

다음날 아침, 스카웃과 젬은 왜 사람들이 그렇게 행동하는지 여러 가지 질문을 던진다. 아이들은 애티커스가 어째서 자신을 해치고 톰을 직접 처형하려고 나섰던 사람들에게 화를 내지 않는지 이해하지 못한다. 애티커스는 사람들이 언제나 친근하고 이성적으로 행동하는 것은 아니라며 평소처럼 차분하게 설명한다. 군중들은 하나의 생명체처럼 행동하지만, 결국 군중이라는 것도 사람들이 모여서 이루어진 것이다. 어떤 때는 어른보다 아이들 판단력이 뛰어난 경우도 있다. "우리는 어린이들로 구성된 경찰이 필요할지도 모르지… 너희들이 월터 커닝햄에게 내 입장이 되어 생각해 보도록 만들었어. 그것으로 충분했단다."

재판이 열리자 사람들이 모여든다. 호기심 때문에 온 사람들도 있지만, 대부분은 올바른 판결이 내려져 법이 제대로 집행되는지를 확인하러 오는 것이다. 이들이 생각하는, 돌바른 판결이란 톰 로빈슨을 죄인으로 모는 것뿐이다. 모디 아줌마는 아이들에게 이렇게 말한다. "나는 오늘 재판에는 아무

관심도 없단다. 불쌍한 사람이 자기 목숨을 빼앗으려는 사람들에게 괴롭힘 당하는 모습을 보는 것은 참으로 끔찍해. 사람들을 봐라. 마치 로마 시대의 검투사 경기를 보러 오는 사람들 같지 않니.” 이런 말을 통해 아이들은 모디 아줌마가 재판을 어떻게 생각하는지, 군중심리를 얼마나 혐오하는지 알게 된다. 모디 아줌마는 군중심리에 휩쓸리지 않는 용기를 보여주고 있는 것이다.

　　　이 부분에서 작가는 여성스럽다는 문제에 대해 흥미로운 시각을 나타낸다. 먼저 애티커스와 알렉산드라 고모는 ‘남부의 여성답다’는 것을 놓고 토론한다. 나중에 유치장 앞에서 떼를 지어온 무리와 대면하는 과정에서, 스카웃은 젬을 모욕하는 남자를 걷어찬다. 이런 행동은 남부의 여성과는 완전히 거리가 먼 것이다. 이때 월터 커닝햄은 스카웃을 ‘꼬마 숙녀’라고 부르는데, 스카웃이 ‘숙녀’란 말을 듣는 것은 그때가 처음이다. 작가는 이 사례를 통해 ‘남부의 여성답다’는 말이 가진 위선을 폭로한다. 스카웃은 총명하고 예의범절을 갖춘 숙녀로 자라고 있지만, 연약하고 예쁜 남부의 전형적인 여성상과는 거리가 멀다.

Chapters 17-20

재판이 시작되다

재판이 시작되고, 헤크 테이트가 첫 번째로 증언한다. 반대심문에서 테이트는 의사를 불러 현장에서 메이옐러를 검사하지는 않았다고 인정한다. 이어 밥 이월이 증언대에 선다. 그는 태도가 불손하고 추잡한 말을 늘어놓는다. 법정 안이 술렁인다. 이월은 자기가 한 이야기에서 조금도 물러서지 않지만, 애티커스는 이월이 메이옐러를 때렸을 수도 있다는 사실이 드러나도록 조심스럽게 그 씨앗을 심는다. 다음에 메이옐러가 증언대로 나온다. 애티커스는 그녀가 거짓말을 한다고 생각하지만, 예의와 존경심을 갖춰 대한다. 그러나 메이옐러는 그런 애티커스가 자신을 조롱하는 것으로 생각한다. 메이옐러의 증언을 들어보면, 그녀가 고상함과 일상적인 예의에 익숙하지 않다는 것을 알 수 있다. 애티커스는 톰을 증언대에 세워, 메이옐러가 그를 확인하도록 한다. 그 과정에서 스카웃은 톰의 왼팔이 오그라들어 쓰지 못한다는 사실을 알아차린다. 톰은 그가 자백한 범죄를 하고 싶어도 할 수 없는 처지인 것이다. 검사는 더 이상 증인이 없다고 한다.

애티커스는 증인을 한 명만 세운다. 바로 톰 로빈슨이다. 톰은 진실을 이야기하면서도 메이옐러가 거짓말을 늘어놓는다고 노골적으로 표현하지 않으려고 줄곧 조심한다. 그러나 톰은 치명적인 실수를 하고 만다. 반대심문에서 메이옐러 이월을 가엾게 생각했다고 인정하는 것이다. 딜

은 길머 검사의 심문에 감정이 격해진 나머지 눈물을 흘리며 법정 밖으로
나간다. 스카웃이 그의 뒤를 따라간다. 밖에서 아이들은 돌퍼스 레이몬드
와 이야기를 나눈다. 그는 자신이 술병을 누런 봉투로 싸서 술을 마시는
이면에 담긴 비밀을 밝힌다. 스카웃과 딜이 법정으로 돌아가니 마침 애티
커스가 배심원단에게 열정적으로 변론 후반부를 진행하고 있다. 애티커
스가 변론을 마치는 순간, 캘퍼니아가 법정으로 들어와 애티커스를 향해
걸어간다.

　　독자들은 아마도 톰 로빈슨의 재판이 기본적으로 흑인에 대한 편견에 따라 진행되고 있다고 생각할 것이다. 물론, 재판 과정에서 편견이 크게 작용하는 것도 사실이다. 그러나 작가는 단순히 피부 색깔에 따른 차별을 넘어서서, 보다 본질적인 인간의 본성과 사회적인 문제를 파고들고 있다.

　　이월 가족은 소위 '백인 쓰레기'다. 스카웃은 이월 가족을 이렇게 정의한다. "이월네 같은 사람들은 호황인 때도 불황에 허덕일 때도 우리 군에서 손님으로 살았다. 학생 무단결석 단속관이 아무리 많다 해도 그 많은 아이들을 학교에 제대로 다니게 할 수 없었으며, 아무리 공중보건의가 많다 해도 타고난 장애, 더러운 환경에서 생기는 많은 벌레와 질병을 없앨 수 없었다." 이월 가족은 오두막에서 아주 가까운 마을 쓰레기 처리장에서 음식, 가구 등을 뒤지고 물을 길어다 살고 있다. 그들 집 바로 너머에 '검둥이 부락'이 있다. 애티커스는 언젠가 크리스마스 트리를 버리러 스카웃과 젬을 데리고 쓰레기 처리장에 간 적이 있었다. 그때 스카웃은 흑인들의 집은 초라해도 단아하고 깨끗해 보인다는 것을 느꼈으며, 부엌에서 스며나오는 맛있는 냄새를 맡을 수 있었다. 이월네가 사는 곳과는 아주 대조적이었다. 대부분의 흑인들은 이월 가족보다 깨끗하고, 정직하며, 생산적인 삶을 살고 있다. 따라서 그 '백인 쓰레기’들은 흑인에게 뿌리 깊은 반감을 품고 있다.

작가는 ‘백인 쓰레기’ 여성의 고소로 인해 진행중인 재판을 배경으로 편견과 사회적 계급 문제에 초점을 맞추면서도 여러 가지 다른 주제를 파고든다.

톰 로빈슨의 재판이 벌어지는 시기에 메이콤의 흑인들은 밑바닥 생활을 하고 있다. 아직 ‘편견’이 무엇인지 정확히 모르는 스카웃도 딜에게 이렇게 말한다. “딜, 왜 그래, 어차피 그 남자는 검둥이야.” 스카웃이 살고 있는 사회에서는 흑인들의 밑바닥 지위를 너무 공고하게 다져놓았기 때문에 순진한 스카웃도 그것을 그대로 받아들이고 유지하는 데 일조하는 셈이다. 스카웃의 세계에서는 어떤 일은 그냥 당연한 것인데, 흑인은 ‘그냥 검둥이’란 사실도 그 중 하나다. 그러나 스카웃은 ‘톰 로빈슨이 백인이었다면 훌륭한 사람’이었으리란 점은 인정한다. 따라서 스카웃에게는 고의적인 편견이 없다는 것을 알 수 있다.

메이콤의 흑인들은 운명을 받아들인다. 사회가 정해 놓은 규칙에 반기를 들면 문자 그대로 목숨이 위태로워지기 때문이다. 톰 로빈슨은 메이엘러를 도와주었을 뿐이다. 사실, “메이엘러를 인간으로 대접해 준 사람은 톰밖에는 없었을 것이다.” 톰의 죄라고는 메이엘러를 불쌍하게 생각했다는 것이지만, 흑인이 백인에게 동정심을 느꼈다고 공공연하게 인정하면 사회 규범에 어긋난다.

톰이 메이엘러의 유혹을 거부해 수치를 준 것도, 메이엘러가 흑인을 유혹해 아버지를 창피스럽게 만든 것도 사실이다. 톰이 자기 동네로 돌아가 백인 여성이 자신을 유혹하려 했다고 떠벌이는 것을 밥 이월은 참을 수 없다. 더구나 이제 톰은 이월네 집안에서 자행되는 근친상간도 알고 있다. 그러나 톰은 잘못하면 목숨이 위태롭다는 것을 알기 때문에 누구에게도 메이엘러 이야기를 했을 리가 없다. 따라서 밥 이월은 이 일을 그냥 덮을 수도 있었다. 그러나 그는 이 마을에서 자기 가족들이 더욱 하찮은 존재가 되지 않게 하려고 무고한 사람의 목숨을 빼앗으려고 하는 것이다.

톰의 증언은 이월 가족을 한층 더 창피스럽게 만든다. 톰은 메이엘러가 키스를 해달라고 하면서 '아빠가 그녀에게 한 짓은 중요하지 않다'는 말을 했다고 증언한다. 이것은 밥 이월이 딸을 성폭행하고 있다는 것을 마을 전체에 알리는 셈이 된다. 그리고 밥 이월이 딸을 '빌어먹을 갈보'라고 불렀다고도 증언한다. 그러나 톰은 메이엘러가 거짓말을 늘어놓는다고 직접적으로 비난하지 않는 조심성을 보인다. "그 여자는 머리가 좀 이상해진 것 같다"고 말하는 것이다.

톰은 관대한 사람이다. 그러나 이런 마음씨가 어쨌든 그를 궁지에 몰아넣고 있다는 것은 역설적이다. 메이콤, 아니 당시의 남부 전역에서는 '열등한 족속' 흑인이 '우월한 족속' 백인에게 순수한 동정심을 베푼다는 것은 용인되지 않았고,

비극적인 결과를 낳았다.

백인으로 구성된 배심원단은 이럴 수도 저럴 수도 없는 상황에 처해 있다. 백인을 동정한다고 공공연하게 인정하는 흑인에게 무죄 평결을 내린다면, 흑인 사회를 지배하는 자신들의 힘을 스스로 약화시키는 결과를 초래한다. 그리고 톰에게 유죄 평결을 내리면, 죄가 없다는 것을 뻔히 알면서도 그 사람을 죽이는 일이 된다. 그러나 메이옐러가 그들의 선택을 아주 쉽게 만들어준다. "저기 있는 검둥이는 나를 해코지했어요. 만약 훌륭한 신사 여러분들께서 그걸 그냥 넘어가시면, 전부 꼬랑지를 내린 누렁이처럼 아주 비열한 겁쟁이가 되시는 거예요."

이제 남는 질문은 하나. 톰이 아무런 잘못도 저지르지 않았다면 왜 이월네 집에서 도망치려 했는가? 애티커스는 톰이 진퇴양난에 빠졌던 것이라고 설명한다. "톰은 어떤 상황에서도 백인 여자를 때리고는 오래 살 수 있으리라고 감히 생각할 수 없었습니다. 그래서 기회가 생기자마자 도망치려고 했던 것이죠. 그것이 유죄를 인정한 셈이 되었고 말입니다." 모든 법과 제도가 백인에게 유리하게 정해져 있기 때문에 밥과 메이옐러가 톰을 고소하기로 한 순간 그의 목숨은 말 그대로 끝장난 것이다.

아직 스카웃처럼 사회적 편견을 그대로 받아들이는 단계에 이르지 못한 딜은 흑인을 형편없이 대하는 모습을 보고 감정이 격해진다. 잠깐 법정 밖으로 나갔던 딜과 스카웃에게 돌퍼스 레이몬드가 흑인을 차별하는 백인에 대해 견해를 피력한다. "백인들은 흑인도 사람이라는 생각은 눈곱만큼도 안 하고 괴롭히지." 레이몬드는 이러한 흑인 차별이 너무 싫어서 흑인들과 어울려 살아간다. 그러나 톰이 지금 받고 있는 박해가 자신과 가족에게 가해지는 것을 피하려고 주정뱅이인 척하는 것이다. 백인들은 레이몬드가 '어쩔 수 없는' 알코올 중독자라고 믿기 때문에 그런 행동을 용서해 준다. 백인도 흑인과 어울려 살 수 있다는 개념 자체가 아직 사람들의 머릿속에 들어 있지 않다. 이런 대화를 통해 스카웃은 편견과 편견이 낳는 부정적인 결과를 더욱 깊이 알게 된다.

밥 이월이 증언대에 오르자, 스카웃은 "저 사람이 흑인보다 나은 점은 비누로 박박 씻으면 피부가 하얘진다는 것밖에는 없겠다"고 생각한다. 이월네 사람들은 하도 때가 많이 끼어서 백인인지 흑인인지 피부 색깔로는 알 수 없을 정도다. 밥 이월은 이미 재판에서 이겼다는 투로 의기양양하게 증언한다. 그런 자신감이 없다면 증언대에서 심문을 받으면서 음란한 농담은 하지 않을 것이다.

메이콤의 백인들 중에서도 조금 세련된 사람들은 적어도 그렇게 뿌리 깊은 편견은 가지고 있지 않은 척이라도 한다. 그러나 이월은 그런 것과는 거리가 멀다. 그는 테일러 판사에게 "15년 동안이나 군 당국에 검둥이들이 사는 지역을 없애달라고 요청했습니다. 그 위험한 놈들이 옆에서 살기 때문에 내 재산의 값어치가 떨어지고 있거든요”라고 뻔뻔스럽게 말한다. 이월의 재산이라는 것은 실제로는 쓰레기 처리장이나 다름없다. 사람의 목숨이 걸려 있지 않다면, 그의 증언은 웃음거리가 되었을 것이다. 방청객들은 흑인들 옆에 사는 이월 가족이 위험한 것이 아니라 그들 옆에 사는 흑인들이 위험에 처해 있다는 것을 깨닫게 된다.

애티커스는 재판이 진행되는 내내 톰이 누명을 썼다는 사실을 차분하게 지적한다. 예를 들면, 메이옐러가 심하게 맞고 강간을 당했다고 주장했는데도 의사를 현장에 부르지 않았다는 사실이다. 테이트 보안관에게 의사를 부르지 않은 이유를 묻자, 보안관이 간단하게 대답한다. “그럴 필요가 없었습니다, 핀치 씨… 무슨 일이 있었던 건 확실했으니까요.” 물론 의사가 왔더라면 메이옐러가 강간당하지 않았다는 사실을 증명해 주었을 것이다. 만약 백인이 용의자였다면 의사를 불렀을 것은 거의 확실하다. 톰 로빈슨이 흑인이었기 때문에 의사를 부를 ‘필요가 없었던’ 것이다. 메이콤의 흑인들이 어떤 편견 속에서 사는지를 단적으로 보여주는 또 하나의 예다.

애티커스가 자기를 따라한다고 메이옐러가 주장하자 스카웃은 물론 테일러 판사도 깜짝 놀란다. 애티커스는 메이옐러를 매우 존중해 주면서 심문하고 있기 때문이다. 여기서 작가가 mocking(흉내 내다)이라는 단어를 사용하고 있는 것은 중요한 의미를 지닌다. 앵무새(mockingbird)는 자기가 들은 소리를 되뇔 뿐이다. 말하자면 메아리를 만드는 작은 기계 같다. 애티커스는 실제로 일어난 일을 그대로 전하고 있을 뿐이지만, 이 경우에 메아리는 메이옐러에게는 아주 위험한 것이다. 작가는 메이옐러를 '꼬리를 꿈틀대며 시선은 고정시키고 있는 고양이' 같다고 묘사하는데, 얄궂기는 해도 톰이 메이옐러의 삶을 보다 즐겁게 해주려는 앵무새라고 가정한다면 바로 그 앵무새를 잡으려고 하는 고양이로 묘사한 것이다. 메이옐러의 증언이 끝나자 그녀가 '부 래들리보다 더 외롭다'는 것을 스카웃은 불현듯 깨닫는다.

변론을 맺으면서 애티커스는 인종과 사회적인 위치를 한데 묶는다. 그는 메이옐러에 대한 판단은 유보하면서 배심원단에게 말한다. "메이옐러는 우리 사회에서 오랫동안 지켜지고 있는 약속을 깨뜨렸을 뿐입니다. 이 약속은 너무나 엄격해서 그것을 깨뜨리는 사람은 함께 살 수 없다고 손가락질을 받죠… 그렇다면 메이옐러는 도대체 무슨 짓을 했을까요? 바로 흑인을 유혹했던 것입니다." 애티커스는 톰 로빈슨과 마찬가지로 메이옐러에게 동정심을 느낀다고 시인한다. 그러나 애티커스는 백인이고 많이 배운 사람이기 때문에 그렇게 동정심을 느껴도 괜찮다.

만약 톰 로빈슨이 여성이고 백인 남자를 유혹한 혐의를 받았더라도 재판 결과는 마찬가지였을 것이다. 그렇다면 돌펴스 레이몬드는 어째서 흑인 여성들과 살고 자식을 낳아도 괜찮은 것일까? 그는 백인이고, 토지를 소유했고, '좋은 가문' 출신이기 때문이다. 간단히 말하면 집안이 좋은 백인 남성에게 적용되는 법은 다른 것이다. 스카웃은 메이엘러는 혼혈아나 마찬가지라고 생각한다. 즉 "메이엘러는 돼지들 틈에서 살기 때문에 백인들은 그녀와 관계를 맺지 않으려고 한다. 흑인들은 그녀가 백인이기 때문에 관계를 맺지 않으려고 한다." 사회적 위치는 인종과 마찬가지로 지역사회를 가르는 커다란 척도가 된다.

Chapters 21-23

톰 로빈슨, 유죄 평결을 받다

캘퍼니아가 스카웃과 젬이 사라졌다는 쪽지를 전하자 애티커스는 크게 걱정하지만, 언더우드 씨가 아이들은 법정 안의 흑인석에 있다고 알려준다. 캘퍼니아는 집으로 가는 내내 아이들을 꾸짖지만, 애티커스는 배심원단의 평결을 들으러 와도 된다고 말한다.

젬은 애티커스가 제시한 증거 때문에 배심원단이 톰에게 무죄 평결을 내릴 것이라고 확신한다. 평결이 내려지자 젬은 어안이 벙벙하고, 화가 나 울면서 법정을 나간다. 흑인들은 톰을 용감하게 변호해 준 것에 대한 감사의 표시로 핀치 가족에게 음식을 잔뜩 가져다준다. 아이들은 애티커스가 패했는데도 그러는 모습을 보고 놀란다. 애티커스는 젬에게 항소할 것이고, 항소하면 이길 가능성이 훨씬 커지니까 너무 낙담하지 말라고 다독인다. 동네 사람들은 재판을 놓고 이야기꽃을 피우는데, 스테파니 아줌마는 아이들에게 쉴 틈도 주지 않고 질문을 퍼붓는다. 보니 아줌마가 애티커스의 편을 들어 그 이야기를 끝맺는다.

며칠이 지나간다. 밥 이월이 애티커스를 해치겠다고 공공연히 위협하자 아이들은 두려워한다. 그러나 애티커스는 그 기회를 이용해서 아이들에게 세상물정을 알려준다. 아이들이 항소심을 기다리는 동안 스카웃은 월터 커닝햄을 불러 함께 놀아도 되느냐고 하지만, 알렉산드라 고모는 단호하게 반대한다. 그 과정에서 알렉산드라 고모가 스카웃의 기분을 매

우 상하게 하는 모습에 자극 받은 젬은 부 래들리가 밖으로 나오려고 하지 않는 이유를 추측해 본다.

소설의 이 부분에서도 스카웃과 젬은 존경과 도덕적 고결함의 중요성을 이해하기 시작하면서 더욱 성숙해진다. 톰의 변호인으로 지명된 순간부터 애티커스는 그의 무죄를 증명하기 위해 노력하지 않는다면 아이들이나 하나님 앞에 나설 수 없을 것이라고 말했다. 재판이 끝나자 아이들은 아버지의 새로운 면을 알게 된다. 스카웃은 아버지가 퇴정할 때 스카이스 목사가 다른 흑인들과 함께 일어서자 깜짝 놀란다.

아이들은 재판에서 지자 낙담하지만, 모디 아줌마는 이 사건을 새로운 각도에서 보도록 도와준다. "나는 애초에 애티커스 핀치는 이길 수 없다고 생각했지. 하지만 이런 사건을 놓고 배심원들이 평결을 내리는 데 그렇게 오랜 시간을 끌게 할 사람은 애티커스밖에는 없었어." 이 말을 들은 아이들은 여러 면에서 애티커스의 패배는 커다란 승리라는 것을 이해하기 시작한다.

배심원단 중에 커닝햄 식구가 있었던 것이 도움이 되었고, 그것은 유치장 앞에서의 사건 때 월터 커닝햄이 스카웃을 존경하게 되었기 때문이라고 애티커스가 말하자, 존경심의 중요성이 더욱 뚜렷해진다. 또한 애티커스는 용감한 행동이 어떤 것인지에 관한 젬의 생각에도 변화를 준다. 밥 이월이 침을 뱉으며 위협했을 때 애티커스가 보여준 행동을 통해 용기는 도덕적 고결성을 갖추는 것임을 깨닫는 것이다.

이 부분에서도 앵무새의 상징이 계속 사용되고 있다. 스카웃은 배심원단이 법정으로 돌아올 때 느껴지는 불길한 예감을 '앵무새도 노래하지 않는 추운 2월의 아침'에 비유한다. 나중에 애티커스는 조용히 아이들에게 흑인을 속이는 백인들의 사악성에 관해 이야기하는데, 이때도 흑인들을 앵무새 무리에 비유한다. 이 앵무새들은 적대적인 이 세상에서 살려고 발버둥칠 뿐이다.

여기에서 작가는 편견에 관한 문제를 다음과 같이 여러 상황에서 고찰하고 있다.

법정에서 젬은 배심원단의 유죄 평결을 도저히 이해하지 못한다. 소년은 애티커스의 말을 듣고 충격을 받는다. "백인과 흑인 사이에 문제가 생기면 이기는 쪽은 언제나 백인이란다." 애티커스는 톰이 좀더 가벼운 형을 선고받지 못한 이유를 설명하면서 배심원단의 의식구조에 관해서도 말해 준다. 톰이 불공정한 재판을 받은 것에 너무 화가 난 젬은 자신이 크면 어떻게 해서든 이런 상황을 바꾸겠다고 맹세한다. 이 말에 대한 애티커스의 반응은 흑인 민권운동을 예견하는 것 같다. "이렇게 흑인을 대하면 그것이 쌓이고 쌓여서 백인은 언젠가 그 대가를 지불하게 될 거야."

스테파니 아줌마는 왜 스카웃, 젬, 딜이 흑인석에 앉아 있었는지 계속 질문을 퍼붓는다. 동정심을 유발시키려고 애티커스가 일부러 그곳에 앉히지 않았느냐는 것이다. 그녀는 아이들이 자진해서 흑인들과 함께 앉으려고 하지는 않았을 것이라고 생각한다. 젬은 동네 사람들이 톰에게 동정심을 갖지 않는 것에 화를 낸다. 모디 아줌마는 자신과 핀치네 식구들 이외에도 편견을 가진 사람들과는 다르게 생각하는 사람들이 많다고 말해 준다. "너는 테일러 판사가 애티커스를 국선변호인으로 선임한 것이 우연이 아니란 생각은 해보지 않았니? 테일러 판사가 애티커스를 선임한 것은 이유가 있었기 때문이란다."

스카웃은 알렉산드라 고모가 월터 커닝햄을 집으로 데려와 놀면 안 된다고 하자 어안이 벙벙해진다. 고모의 이유는 이렇다. "그 애는 – 말이다 – 쓰레기이기 – 때문이야. 핀치 가문의 여자들은 그런 부류의 사람들과 어울려서는 안 돼." 나중에 젬은 스카웃에게 메이콤의 계급제도에 관해 설명하면서, 흑인에 대한 편견만이 아니라, 백인들 사이에도 편견이 있다고 말해 준다. 그러자 스카웃은 중요한 결론을 내린다. "이 세상에는 한 종류의 사람밖에는 없어. 바로 사람이야." 이 말을 듣고 젬이 나중에 생각이 바뀌게 될 것이란 말을 하는데, 이것 역시 상당히 중요한 의미를 지닌다.

작가는 이 부분에서 여성의 역할에 관해 독특한 견해를 피력한다. 애티커스는 이 소설의 어떤 인물보다도 여성의 '지위'에 대해 별로 관심이 없다. 스카웃이 앨라배마 주의 여성들은 배심원이 될 수 없는 사실에 대해 반발하자, 애티커스는 곤혹스러우면서도 이렇게 설명한다. "그건 아마도 연약한 숙녀들이 톰 사건 같은 끔찍한 일에 관여하는 것을 막으려고 하는 것이 아닐까?" 그리고 여성들이 배심원이 되면 질문을 너무 많이 해서 재판이 지연될 것이라고 농담을 한다. 스카웃은 웃는다. 여성에 대한 편견이 없는 애티커스가 그렇게 어리석은 말을 하니 웃었을 것이다. 스카웃은 메이콤이란 사회에서의 여성의 역할을 싫어하지만, 결국에는 받아들이게 된다.

동생 애티커스와는 달리 알렉산드라 고모는 여자는 여자의 역할을 다해야 된다는 생각에 사로잡혀 한여름에도 양모로 양탄자를 짠다. 누군가가 해야만 하는 일이고, 여성이 하기로 되어 있으므로 더위도 무릅쓰고 이 일을 하는 것이다. 고모가 스카웃을 숙녀로 만들려는 일에 집착하자 젬이 스카웃에게 말한다. "고모는 여자애들을 잘 몰라… 특히 너 같은 여자애들 말야. 고모는 너를 숙녀로 만들려고 하고 있어. 그러니까 바느질이나 뭐 그런 것 좀 할 수는 없겠니?" 스카웃의 재미난 대답은 사회적 기대를 따를 생각이 없음을 보여준다. 밥이월의 위협을 받고도 개의치 않는 애티커스가 걱정스러운 젬이 스카웃에게 말한다. "너는 어린 여자애니까 울고 불며 떼를 쓰면 효과가 있을지도 몰라." 그러나 이 작전도 성과가 없다. 스카웃은 여자인 것을 무기로 삼아봤자 소용이 없다는 사실을 다시 깨닫는다.

이 소설에서 작가는 두 가지 주제를 깊이 파고든다. 하나는 흑인에 대한 백인의 편견과 박해다. 그리고 보다 미묘한 방법으로 여성 문제를 다루고 있다. 스카웃을 통해 작가는 사회가 부여한 역할에 의심을 품지 않는 여성은 흑인처럼 박해를 받는다는 사실을 말하는 것이다. 흑인의 민권 신장을 주창하는 것과 같은 강도로 여성 해방을 부르짖고 있는 셈이다. 스카웃은 모디 아줌마처럼 스스로 자신의 여성상을 정의할 것이다. 이 소설에는 스카웃 이외의 여자아이는 등장하지 않는다는 사실에 주목하자. 만약 다른 여자애들도 스카웃처럼 생각한다면 여성에 대한 조용한 박해는 곧 끝날 것이다.

Chapters 24-26

톰 로빈슨, 사살당하다

알렉산드라 고모는 선교협회 회의에 스카웃도 참석하라고 한다. 스카웃은 캘퍼니아를 도와 다과를 내놓고는 여인들의 이야기에 끼어보려고 한다. 모디 아줌마를 제외한 여인네들은 은근히 스카웃을 궁지에 몰아넣는 질문을 하고는 대답을 들으며 즐거워한다. 스카웃이 이제는 남자들과 이야기하는 것이 좋겠다고 생각하는 순간, 애티커스가 회의를 중단시키고는 톰 로빈슨이 탈옥하려다 죽음을 당했다는 소식을 전한다.

부엌에서 애티커스는 캘퍼니아에게 함께 가서 톰의 아내 헬렌에게 그 소식을 전하자고 청한다. 알렉산드라 고모는 애티커스가 흑인의 집을 찾아가는 행동을 변명하듯이 말하지만, 모디 아줌마가 애티커스를 옹호하며 반박한다. 고모와 모디 아줌마와 다시 회의에 합류한 스카웃은 암울한 상황 속에서도 숙녀처럼 행동하기로 결심한다. 헬렌은 톰의 사망 소식에 충격을 받는다. 메이콤의 나머지 사람들은 엇갈린 반응을 보인다. 밥 이월은 노골적으로 기쁨을 나타낸다. "하나는 보냈으니, 이제 둘 남았군."

새로운 학년이 시작된다. 젬은 7학년, 스카웃은 3학년이 된다. 스카웃은 래들리네 집이 여전히 휑뎅그렁하고 음침하지만 예전처럼 무섭지는 않다는 기분이 든다. 스카웃과 젬은 너무나 큰일들을 겪었기 때문에 부 래들리에 관한 생각에 동요하지 않게 된 것이다. 학교에서는 스카웃의 담임인 게이츠 선생이 학생들에게 아돌프 히틀러에 관해 말해 주며, 유태인

"

박해를 개탄한다. 나중에 스카웃은 톰의 재판이 끝난 후에 우연히 엿들었던 게이츠 선생의 인종차별적인 말을 떠올린다. 스카웃이 이런 이분법적 사고에 관해 묻자 젬은 재판 얘기는 다시는 꺼내지 말라며 몹시 화를 낸다. 스카웃은 애티커스에게 가서 위안을 받는다.

톰의 재판이 끝나자 마을은 평온을 되찾는다. 작가는 이 부분에서 메이콤 사회가 여성에 대해, 그리고 톰의 사망 소식을 접한 후 흑인에 대해 어떤 태도를 취하는지에 대해 말하고 있다.

선교협회 회의에 참석한 스카웃은 여자들이 자기 대답을 듣고는 웃자 낯이 뜨거워진다. 그리고 '자신이 일부러 웃기려고 한 말 이외에는 웃지 않는' 모디 아줌마에게 동지애를 느낀다. 지금까지 스카웃이 대했던 여성 중에서 자신에게 어떤 정해진 반응을 기대하지 않는 여성은 모디 아줌마와 캘퍼니아뿐이다. 스카웃은 누구보다 캘퍼니아를 더욱 가깝게 느낀다. 모디 아줌마와 캘퍼니아가 스카웃의 본보기가 되고 있지만, 알렉산드라 고모는 그녀들이 조카에게 미치는 긍정적인 영향을 인식하지 못한다. 고모는 스카웃에게 여성에 관한 부정적인 이미지만 주며, 스카웃은 그것을 단호하게 거부하고 모디 아줌마와 캘퍼니아에게 숙녀가 되는 법을 배운다는 것은 역설적이다.

스카웃은 여성의 세계에 호기심을 갖고 있다. 선교협회 여성들과 어울리는 동안 스카웃은 이상적인 여성 세계는 현실과는 큰 차이가 있다는 것을 깨닫는다. 알렉산드라 고모가 모디 아줌마에게 아무 말도 하지 않고, 몸짓만으로 고맙다고 하는 것을 보게 된 스카웃은 여성 세계에서의 사회적 계급의 복잡성을 깨닫는다. "나도 곧 이 세계에 들어가게 되는 것은 틀림없다. 이 세계에서는 겉으로는 우아하게 행동한다." 스카웃이 이런 여성 세계에 갑자기 흥미를 느낀 것은 사실이지만, 남자들과 있는 것이 더 좋다고 인정한다. 따라서 독자들은 스카웃이 고모가 바라는 모습의 숙녀가 되지는 않을 것임을 알게 된다.

스카웃은 모디 아줌마와 알렉산드라 고모가 톰의 사망 소식에 조금도 당황하지 않고 침착하게 처신하는 것을 보고 경탄한다. 세 사람은 모두 그 소식에 마음이 흔들렸지만 아무 일도 없었다는 듯이 다시 모임에 참여한다. 설명할 수는 없지만, 스카웃은 그렇게 하는 것이 중요하다는 것을 안다. 스카웃은 의식적으로 숙녀가 되려고 노력하는 과정에서 알렉산드라 고모의 본보기를 따르려고 한다. "고모가 이런 때에 숙녀가 될 수 있다면 나도 될 수 있어."

이 소설에서 처음으로 기독교가 편견의 구실이 되고 있다는 것이 밝혀진다. 메리웨더 부인과 패로 부인은 모두 기독교적인 논리로 흑인에 대한 편견을 정당화하고 있는 것이다. 메리웨더 부인은 하녀인 소피가 불평을 늘어놓는다고 불만을 터뜨리며, 기독교식의 증언으로 판단을 내린다. 그녀는 소피가 불평하는 이유는 알아보려고 하지 않으면서 불평을 하지 말라는 잔소리는 정당하다고 생각한다. 흑인에 대한 패로 부인의 반응은 더욱 끔찍하다. "우리가 입이 아프도록 흑인을 교육시킬 수도 있죠. 또 지쳐 쓰러질 때까지 노력해서 흑인들을 기독교도로 만들 수도 있어요. 그러나 요즘 밤에 안심하고 잠을 자는 숙녀들이 없답니다." 그녀들은 메이콤의 흑인들이 왜 불만을 갖고 있는지 이해하지 못하고 있는 것이다.

게이츠 선생은 스카웃의 반을 가르치며 히틀러의 유태인 박해에 관해 토론하도록 한다. 학생 한 명이 유태인도 백인이기 때문에 박해하는 것은 옳지 않다고 말하자 게이츠 선생은 대답한다. "유사 이래 유태인은 박해를 받았고, 심지어는 자기 나라에서 쫓겨나기도 했어. 역사상 가장 끔찍한 사건 가운데 하나란다." 게이츠 선생은 남부의 흑인들은 과거에도 현재에도 박해를 받고 있다는 사실은 잊고 있는 것이 틀림없다. 그리고 자기 의지와는 관계없이 아프리카에서 내몰린 흑인들이 노예제도가 종식된 지 90년이나 지났는데도 지역사회에서 버림받는 경우가 많다는 사실 역시 모르고 있는 것 같다.

게이츠 선생이 메이콤의 흑인들이 감내하는 끔찍한 박해에 대해서는 전혀 모르고 있다는 사실은 교실 밖에서 그녀가 한 말로 더욱 뚜렷이 드러난다. "누군가 흑인들을 혼내줄 때가 됐다고 생각해요. 이렇게 점점 주제를 잊고 까불다가 언젠간 우리와 결혼하겠다고 덤빌지도 모를 노릇이에요." 스카웃은 이런 게이츠 선생이 의아스럽지만, 메이콤의 주민들은 대부분 그녀의 말이 옳다고 생각한다.

선교협회 숙녀들은 다른 사람들에 대해 이러쿵저러쿵 판단하고, 더구나 '위선자'란 딱지 붙이기를 아주 좋아하면서도 어린아이의 눈에도 뻔히 보이는 자신의 위선에 대해서는 눈을 감는다. 그녀들은 아프리카의 므루나 족이 겪는 고난에 대해서는 진심으로 가슴 아파하지만, 지역사회의 흑인들이 당면하고 있는 고난에 대해서는 까맣게 잊고 있다. 더욱이 자기들 집에도 그런 고난을 당하는 흑인이 많은 것이다.

톰의 죽음은 신문의 '흑인 소식'에 짤막한 기사가 난 것 이외에는 거의 반향도 없이 지나가는 듯 보인다. 그러나 인종차별주의자로 알려진 언더우드 씨가 톰을 앵무새에 비유한 사설을 게재한다. "톰 로빈슨이 죽은 것은 사냥꾼들이나 아이들이 무분별하게 앵무새를 잡아 죽인 것과 같다." 일부러 사설을 아이들의 수준에 맞춘 언더우드는 톰의 죽음에 대해 지역사회가 취하는 비도덕성과 무감각을 통렬히 비판한다. 스카웃은 그 사설을 다시 읽으며 갑자기, '메이옐러가 입을 열어 비명을 지를 때' 이미 톰은 죽은 것이나 다름없었다는 사실을 깨닫는다. 그러나 마을 사람들은 대부분 이 사실을 받아들이지 않으며, 톰이 도망치려고 했다는 사실이 배심원단의 판단이 옳았음을 반증하는 것이라고 생각한다. 박해자들은 현 상태를 그대로 유지하기 위해 필요한 조치를 취하는 법이다. 무고한 톰을 체포하고 유죄 평결을 내려 죽음으로 몰아넣었다고 자인하는 것은 백인들이 누리고 있는 지위를 스스로 박탈하는 셈이 되기 때문이다.

젬은 점점 성숙해지는 모습을 보여준다. 스카웃이 벌레를 죽이려고 하자, 아무도 해치려고 하지 않는 벌레를 죽이지 말라고 한다. 톰의 재판 과정을 통해 젬은 모든 살아 있는 것들과 자신의 관계를 돌이켜보게 된 것이 분명하다. 해를 끼치지 않으면 벌레도 죽여서는 안 된다. 이런 젬을 보면서 스카웃은 그가 여성적인 성향을 띠고 있다고 생각한다. "하루가 다르게 계집애처럼 되어가고 있는 사람은 내가 아니라 오빠야." 성숙해지고는 있지만, 여전히 톰 로빈슨 사건이 지닌 의미가 완전히 정리되지 않은 젬은 스카웃이 게이츠 선생에 관한 말을 꺼내자 몹시 화를 낸다.

Chapters 27, 28

밥 이월의 공격을 받는 아이들

밥 이월이 공공연하게 애티커스 때문에 일자리를 잃었다고 떠벌이지만, 메이콤 사회는 평온은 되찾는다. 톰 로빈슨의 고용주였던 링크 디스가 헬렌에게 일자리를 준다. 그러나 밥 이월은 헬렌이 안전하게 걸어서 출근하는 것을 아주 어렵게 만든다. 디스가 나서서 이 사태를 해결하자 이월은 화를 낸다.

메이콤의 여성들은 올해는 고등학교 강당에서 할로윈 가장 무도회를 열기로 결정한다. 스카웃은 햄으로 가장해 참가하기로 되었다. 스카웃은 가장 무도회에 입고 갈 의상을 멋있게 만들지만, 혼자 힘으로는 햄 의상을 벗지 못한다.

애티커스와 알렉산드라 고모는 피곤해서 할로윈 가장 무도회에 가지 않기로 한다. 그래서 젬이 스카웃과 동행하기로 한다. 가장 무도회장으로 가는 도중에 세실 제이콥스가 젬과 스카웃을 놀라게 한다. 아이늘은 가장 무도회장에서 즐거운 시간을 갖지만, 스카웃은 무대에 너무 늦게 나간 것이 창피스럽다. 귀가 시간이 되자, 스카웃은 의상을 그대로 입고 가겠다고 한다. 스카웃과 집으로 향하던 젬은 이상한 소리를 듣고는 스카웃에게 조용히 하라고 말한다. 곧 맞붙어 싸우는 소리가 난다. 스카웃은 젬의 비명소리를 듣게 되고, 이어 강철 같은 팔이 의상 속의 그녀를 짓누르기 시작한다. 누군가가 나타나 그 사람을 떼어놓는다. 스카웃은 젬이라고

생각하고 이름을 부르지만 대답 대신 거친 숨소리만 들린다. 스카웃은 숨소리가 나는 쪽으로 몸을 돌려 젬을 만지려고 하다가 수염자국이 만져지자 젬이 아니라는 것을 알아차린다. 몸을 다시 돌리려던 스카웃은 낯선 남자가 젬을 안고 현관으로 가는 것을 보게 된다. 알렉산드라 고모는 의사를 부르고, 애티커스는 보안관을 부른다.

스카웃은 젬이 죽지나 않았는지 걱정하지만, 알렉산드라 고모는 닭장 철망으로 만든 스카웃의 의상을 벗기면서 젬은 의식을 잃었을 뿐이라고 말해 준다. 의사 레이놀즈 씨가 도착해서 젬을 진찰하고 나자 스카웃과 헤크 테이트가 젬의 방으로 들어간다. 젬을 집으로 데려온 남자가 애티커스와 함께 있다. 스카웃은 처음 보는 사람이다. 테이트 보안관이 스카웃과 젬이 공격을 받았던 나무 밑에서 밥 이월의 시체를 발견했다고 알려준다.

이 부분은 클라이맥스에 해당된다. 작가는 여기서 복선을 차곡차곡 깔아 일종의 추리소설을 만드는데, 독자는 단서를 발견하며 스스로 사건을 풀게 된다.

스카웃이 가을에 '우리 핀치네 식구와는 직접 관계가 없지만, 어떤 면에서는 관련이 있는' 홍미로운 사건이 세 건 있었다고 말하는 것에서 시작된다.
이 사건은 모두 밥 이월과 관련되
어 있다. 그는 다시 일자리를
잃게 되고, 테일러 판사의 집에
무단침입하려 하며, 헬렌 로빈
슨의 출근을 거의 불가능하게
만든다. 판사와 헬렌에게 보복

하려는 것을 보면 전에 애티커스에게 다짐한 복수도 진심이라
는 것을 알 수 있다.

　이월이 화를 내는 이유를 애티커스는 이렇게 표현한다.
"그는 영웅이 될 것으로 생각했지만, 자기 고통의 대가로 얻
은 것이라곤… 그래, 우리는 흑인에게 유죄 평결을 내릴 테니,
당신은 쓰레기장으로나 돌아가란 것이었거든." 이월은 이 재
판을 이용해 메이콤에서 자신의 위상을 높이려 했지만 마을
사람들은 그를 믿지 않았다. 게다가 그는 게으름을 피워 공공
근로 일자리를 잃었고, 거짓말쟁이로 판명되었으며 바보처럼
보이게 되었다는 것을 깨닫는다. 설상가상으로, 자신이 톰의
미망인에게 흑심이 있다고 링크 디스가 비난한다고 생각한다.
따라서 딸의 '정조'를 지키려고 싸웠던 것처럼 이번에는 자기
자존심을 지키기 위해 무엇인가 해야 한다고 마음먹는 것이다.
　스카웃과 젬이 가장 무도회로 떠날 준비를 할 때 알렉
산드라 고모는 불길한 예감이 들지만 무시해 버린다. 학교로

가는 도중에 스카웃은 래들리네 집 근처에 있는 거목의 뿌리
에 발이 걸린다. 귀가중에 습격을 받을 때도 그곳에서 발이 걸
린다. 그리고 세실 제이콥스가 나무 뒤에서 뛰쳐나와 놀라게
하는데, 나중에 밥 이월도 나무 뒤에서 나와 생명을 노린다.
그리고 학교에 갈 때 젬은 부 래들리가 집에 없다는 느낌을 받
지만, 결국 그가 젬과 스카웃의 생명을 구하기 때문에 이것은
중요한 의미를 지닌다. 나중에 집으로 돌아갈 때 아이들은 집
까지 태워주겠다는 제안을 거절하며, 조심하라는 말을 듣는다.

　작가는 부 래들리도 톰 로빈슨처럼 앵무새일 것이라고
암시한다. 래들리네 집 근처에서 아이들은 '암흑 속에서 앵무
새 한 마리가 홀로 노래를 쏟아내고 있었다'고 느끼는데, 홀로
지내는 부 래들리가 스카웃과 젬의 목숨을 구하게 된다.

　이제부터 부상당한 젬은 이 소설에서 말을 하지 못하기
때문에, 지금까지의 젬의 변화를 짚어보는 것이 중요하다. 젬
은 처음에는 부 래들리를 집 밖으로 꾀어내려는 일에 열중했
던 열 살짜리 소년이었다. 그러나 지금은 튼튼하고 사리가 분
명한 청소년이 되어 있다. 딜과 함께 래들리네 집을 엿볼 때는
여동생을 위태롭게 했지만, 그날 밤에는 목숨을 걸고 여동생
을 구한다. 젬은 이제 성숙한 젊은이로서 아버지처럼 훌륭하
고 존경스러운 어른이 되는 여정에 들어선 것이다.

Chapters 29-31

 부 래들리를 지키다

보안관의 요청으로 사건을 이야기하던 스카웃은 그때 들은 이상한 소리 중 하나는 젬의 팔이 부러지는 소리였다는 것을 알게 된다. 보안관이 스카웃의 할로윈 의상에 생긴 칼자국을 발견하자, 스카웃은 밥 이월이 자기들을 죽이려 했다는 것을 깨닫는다. 그리고 밥 이월을 떼어내고 자기들을 살린 낯선 사람이 부 래들리란 사실도 알게 된다.

스카웃, 애티커스, 헤크 테이트, 부가 현관 앞으로 간다. 애티커스는 젬이 밥 이월을 죽인 것은 명백한 정당방위라고 주장하며 젬을 변호하기 시작한다. 그러나 테이트 보안관은 밥 이월은 자기 칼에 넘어져 죽었다며 애티커스의 말을 수정한다. 애티커스는 보안관의 의도는 고맙지만, 그 어느 누구도 젬을 덮어주기를 바라지 않는다. 보안관은 젬을 보호하려는 것이 아니라며 완강한 태도를 보인다. 두 사람이 다투는 와중에 애티커스는 부 래들리가 이월을 죽였다는 것과 테이트가 보호하려는 사람이 부라는 사실을 깨닫게 된다. 두 사람은 결국 이월은 자기 칼에 넘어졌다는 사실을 인정한다. 스카웃도 그 판단에 전혀 이의가 없다.

부는 젬을 다시 한 번 들여다보고는 스카웃에게 집까지 바래다달라고 한다. 그러나 실은 부가 그녀를 모시고 그의 집까지 간다. 스카웃이 다시 젬의 방으로 간다. 애티커스는 스카웃이 잠들 때까지 책을 읽어준다. 잠든 스카웃을 그녀 침대로 옮긴 애티커스는 젬의 방으로 가서 밤을 보낸다.

마지막 세 장에서 작가는 상황을 완전히 한 바퀴 돌려 모든 것을 원점으로 가게 만들어, 소설을 매우 정교하게 마무리한다. 스카웃은 부 래들리를 직접 한 번만이라도 보았으면 좋겠다는 소원을 성취한다. 놀랍게도 부는 그녀가 상상했던 괴물이 아니라, 약간 병약하게 생긴 상냥하고 부드러운 남자다.

스카웃은 또 메이콤 주민들이 톰 로빈슨에게 편견을 가졌던 것처럼 젬, 딜, 그리고 자신도 부에게 똑같은 편견을 가지고 있었다는 것을 깨닫는다. 부를 직접 보게 되자, 항상 듣던 소문처럼 그런 일을 할 수 있는 사람이 못 된다는 것을 알게 되는 것이다. 그리고 메이콤의 일부 주민들이 사회의 언저리에 있는 사람들을 어떻게 보는지도 새로운 차원에서 깨닫게 된다. 애티커스가 톰을 자유의 몸으로 만들어주기를 바랐던 헤크 테이트는 이번에는 래들리를 똑같은 상황에 처하게 만들고 싶지 않다. "핀치 씨, 제 생각에는 선생님 식구에게나 이 마을에 큰일을 한 사람을 끌어내서… 세상의 주목을 받게 한다는 건… 죄악인 것 같고, 전 그러고 싶지 않습니다 ."

애티커스는 끊임없이 젬과 스카웃에게 인간의 본성, 자비심, 책임감에 대해 가르쳤다. 그런데 부 래들리를 살인죄로 기소하는 것은 '앵무새를 쏘아 죽이는 일'이 될 것이라고 애티커스에게 말해 주는 사람은 바로 스카웃이다. 애티커스가 아이들에게 가르치려고 했던 교훈이 자신에게 되돌아온 것이다.

　소설의 첫머리에서 애티커스는 스카웃의 1학년 담임교사인 캐롤라인 선생을 난처하게 하지 않으면서도 집에서 스카웃과 책을 읽을 수 있는 방법을 찾아내려고 선의의 거짓말을 한다. 그런데 이번에는 스카웃이 이월에 대한 선의의 거짓말이 부 래들리를 위험하게 하지 않으면서 마을 전체를 안전하게 보호할 수 있다고 말한다. 이것도 한 바퀴 돌아 애티커스에게 되돌아왔다.

　스카웃은 '숙녀가 되는 것'에 그렇게 저항했지만, 부가 집까지 바래다달라고 하자 본능적으로 숙녀답게 처신한다. "나는 우리 집에서는 부를 안내하겠지만, 그의 집까지는 아니야." 스카웃은 부가 자신을 모시고 집에 가야 된다고 고집한다. 그래야 스테파니 아줌마 같은 이웃 사람들에게 부가 체면을 잃지 않는다는 것이다.

　이것을 보면 스카웃이 나이에 비해 매우 성숙하다는 것을 알 수 있다. 사회 규범을 지킴으로써 한 남자의 자존심과 지역사회에서의 위치를 보호해 주는 것이다. 그녀는 자신에 대한 사회의 기대를 좋아하거나 동의하지 않지만, 그 테두리 안에서 행동하는 것이 친절과 자비심의 표현이 될 수 있다는 사실을 이해한다.

　자신의 집 안에서는 스카웃이 부를 안내하지만, 바깥에서는 부가 자신을 안내하도록 하는 것은 중요한 의미를 지닌

다. 내면에서는 자신의 본질과 신념에 충실하면서도 외면으로
는 숙녀다운 모습을 내보일 수 있다는 것을 깨닫는 것이다.

　　이 이야기는 스카웃이 성장하는 여정에 있다는 것으로
끝을 맺는다. 그녀는 이제 숙녀가 된다는 것이 무슨 의미인지
어느 정도 알고 있으며, 그것에 너무 신경을 쓰지 않게 된다.
그러나 중요한 것은, 작가가 스카웃은 여전히 어린아이란 사
실을 독자들이 잊지 않도록 강조하고 있다는 점이다. 스카웃
은 엄청난 일을 겪었으면서도 아빠의 무릎에 앉아 책 읽어주
는 소리를 들으며 잠드는 것을 가장 행복하게 느끼는 아이란
사실이다.

인물분석
노트

○ 스카웃 (진 루이스) 핀치

이 소설의 내레이터로 별명이 '스카웃'(정찰병)이다. 이 이름은 주인공의 성격과 너무 잘 어울린다. 스카웃은 이 소설에서 질문을 던지는 동시에 사물을 관찰하는 역할을 맡는다. 그 질문은 대답하기 어렵고, '각종 편견을 배제해 사회적으로 무리가 없는' 세련된 것은 아니지만 어린애이기 때문에 그런 질문이 가능하다. 그리고 주변에서 일어나는 일들이 어떤 의미를 띠고 있는지 완전히 이해하지 못하기 때문에 진정한 의미에서 객관적인 관찰자이자 전달자가 될 수 있다.

그러나 이 소설에서 스카웃이 두 명이라는 사실을 잊지 말아야 한다. 한 명은 이 소설에 나오는 이야기를 체험하고 있는 어린 여자아이이고, 또 한 명은 이 이야기를 전달하는 어른 진 루이스이다. 진은 아버지를 특별하다고 생각한다. 그러나 스카웃은 이렇게 불평한다. "우리 아빠는 아무것도 안했다. 다른 아빠들처럼 사냥을 하지도 않았고, 포커나 낚시를 하지도 않았다… 술을 마시지도, 담배를 피우지도 않았다. 하는 것이라곤 거실에 앉아서 책을 읽는 게 전부였다." 스카웃은 아빠와 잭 삼촌이 나누는 이야기를 자신이 듣고 있었다는 것을 아빠가 알고 있다는 사실에 놀란다. 그러나 진 루이스는 아버지가 그 대화를 엿듣기를 바랐다는 사실에 놀란다.

이 이야기는 3년에 걸쳐 일어난 일을 전하고 있을 뿐이지만, 스카웃은 이 기간에 평생의 교훈을 얻는다. 이 점에서도 독자들은 이 소설이 자전적인 성격을 띤다는 사실을 알아야 한다. 어른인 진 루이스는 여러 가지 사건들이 지닌 의미와 영향을 당시에 그것을 겪은 어린애보다는 더 잘 이해할 수 있다.

스카웃은 학교를 싫어한다. 학교는 여러 면에서 자신의 배움을 방해하고 있기 때문이다. 교사는 스카웃이 이미 책을 읽을 수 있다는 사실을 반기는 것이 아니라, 몹시 끔찍하게 생각한다. 스카웃은 나머지 학생들이 자기 수준이 되도록 기다리며 지루해 하고, 교사들에게 형식적인 예의만 갖출 뿐이다. 그리고 게이츠 선생이 유럽의 유태인 박해를 비난하면서도 흑인을 경멸하는 발언을 하자 마음이 아프다. 학교에서는 수학 이외에는 배울 게 많지 않을 테지만, 그것 때문에라도 학교에 다닐 필요가 있을 것이란 성숙한 태도를 보이기도 한다.

스카웃은 많은 문제에 부딪히지만, '숙녀가 된다'는 문제가 가장 오래 따라다닌다. 스카웃은 말괄량이 소녀다. 오빠는 어떤 때는 "너는 너무 계집애처럼 행동한다"고 비난하지만, 또 어떤 때는 계집애답지 않다고 나무란다. 스카웃과 결혼하고 싶다는 딜의 말은 스카웃과 시간을 같이 보내고 싶다는 뜻은 아니다. 학교의 사내아이들은 스카웃의 힘에 겁을 먹지만, 스카웃은 숙녀처럼 행동하는 법을 배워야 한다는 말을 듣는다. 그런데 이상하게도 스카웃의 생활에서 부딪히는 남자보다는 여자들이 더 여성답게 행동하라는 잔소리를 많이 한다.

알렉산드라 고모는 스카웃의 말괄량이 기질 때문에 기가 질리고, 캐롤라인 선생은 스카웃의 솔직함을 건방지다고 생각한다. 그러나 스카웃이 기쁘게 해주려고 가장 관심을 기울이는 애티커스는 딸이 어떤 틀에 맞춰 행동하는 것을 바라지 않는다. 스카웃은 젬에게 이렇게 말한다. "애티커스에게 내가 문젯거리냐고 물었더니, 별로 그렇지 않다고 했어. 큰 문젯거리도 항상 아빠가 이해할 수 있는 것이라서 귀찮게 한다고 걱정할 필요가 없다고 했어." 소설의 끝부분에서 스카웃은 보안관에게 밥 이월의 살인 혐의로 부를 기소할 수 없는 이유에 대해 설명하는데, 이 장면에서 애티커스는 그녀를 너무나 자랑스럽게 생각한다.

스카웃은 역지사지(易地思之)의 교훈도 배운다. 애티커스는 이 이야기가 시작될 때부터 다른 사람의 관점에서 사물을 바라보는 것이 중요하다는 점을 스카웃에게 가르친다. 애티커스는 스카웃이 그런 면에서 잘못한 점이 있으면 지적하고, 어떻게 해야 하는지 자신의 행동을 통해 직접 보여준다. 스카웃은 소설 끝부분에서 자신이 가장 두려워했던 부 래들리의 입장에서 생각하고 행동한다.

○ 애티커스 핀치

애티커스는 도덕성과 이성을 대변하며, 처음부터 끝까지 공평무사(公平無私)하게 모든 일을 처리한다.

그는 아이들을 어른처럼 대하며, 어떤 질문이든 솔직하게 대답한다는 면에서 자녀 교육 방식이 매우 독특하다. 그리고 이런 교육 방식을 통해 자신의 가치관을 스카웃과 젬에게 전하려고 한다. 스카웃은 이렇게 말한다. "애티커스가 '정말로 그렇게 생각하니?'… 라고 물을 때가 있는데, 그것이 가장 위험한 질문이야." 애티커스는 이처럼 새로운 각도에서 사물을 보도록 돕는 것을 아주 좋아하는데, 아이들뿐만 아니라 메이콤 사람들 모두에게 이런 방법을 동원해 접근한다. 그는 젬과 스카웃을 어른처럼 대하지만, 역시 끈기를 가지고 어리기 때문에 잘못을 저지를 수 있다는 점을 인정한다.

젬과 스카웃을 엄격하지만 공평하게 대하는 그의 태도는 법정에서도 잘 드러난다. 애티커스는 공손하게 밥 이월이 거짓말쟁이라는 사실을 증명했으며, 톰의 사건에서는 예의를 갖춰 메이옐러가 어떤 역할을 했는지에 대해 질문한다. 오랜 친구 사이인 모디 아줌마는 애티커스를 존경하는 이유 중 하나가 '집에서나 밖에서나 항상 똑같다'는 점이라고 했다. 애티커스가 아이들을 심하게 질책하는 경우가 딱 한 번 등장하는데, 그것은 운이 없거나 교육을 받지 못한 사람들을 이용해 먹는 사악성에 관해 말할 때다. 애티커스는 이런 철학을 동물의 세계로 확대해 사냥을 하지 않는다. 마을 주민들은 툭하면 다른 사람들에게 '쓰레기'란 딱지를 붙이기 좋아하지만, 그는 다른 사람들을 착취하는 자들에게만 이런 명칭을 붙인다.

애티커스는 법과 사법제도의 정의를 믿으면서도 형법은 좋아하지 않지만 톰 로빈슨의 국선변호인 요청은 받아들인다. 그는 재판이 시작되기도 전에 이미 이길 수 없다는 것을 알고 있다. 그런데 톰이 흑인이라서 우러난 동정심이 아니라 그가 아무런 죄도 짓지 않았기 때문에 필사적인 변호를 펼친다는 점이 중요하다. 애티커스는 사법제도는 피부 색깔에 색맹이어야 한다고 믿는다.

애티커스는 이 소설에서 가장 편견에 영향을 받지 않는 사람이다. 그는 아이들을 흑인 여성의 손에 맡겨 기르며, 아이들이 흑인 교회에 다녀와도 아무런 문제를 삼지 않는다. 그리고 스카웃이 인종차별적인 욕설을 입에 담자 야단을 치며, 자신도 그런 용어를 사용하지 않도록 언제나 조심한다. 애티커스는 톰의 사망 소식을 알리러 헬렌의 집을 찾는다. 다른 백인 같으면 심부름꾼을 시켰을 것이다. 백인이 흑인의 집을 찾아간다는 것은 있을 수 없는 일이기 때문이다. 그러나 애티커스는 흑인에게만 편견이 없는 것이 아니다. 듀보스 할머니의 매서운 말에도, 스테파니 아줌마의 가벼운 입놀림에도, 생명을 위협하는 월터 커닝햄의 말에도 영향을 받지 않는다. 밥 이월이 얼굴에 침을 뱉어도, 이월의 유일한 재산인 자존심에 상처를 입혔다는 것을 알기 때문에 그냥 넘어간다.

⚬ 젬 핀치

젬은 이 소설이 시작될 때는 열 살이었으며, 끝날 때는 열세 살이 된다. 이 시기는 어떤 아이든 중요한 변화를 겪는다. 젬도 예외는 아니다. 흥미로운 것은, 독자들은 이 변화를 여동생의 관점에서 보기 때문에 아주 독특하게 젬의 성장을 지켜본다는 점이다.

젬은 용기를 나타내는 인물로 설정되어 있다. 그런데 그가 생각하는 용기는 이야기가 진행됨에 따라 그 정의가 자꾸 변한다. 나이가 먹기 때문이기도 하지만 경험을 쌓아가면서 바뀌기도 한다. 이야기가 시작될 때 젬이 말하는 용기란 래들리네 집의 벽을 만지고 돌아오는 것이다. 그러나 미친개를 상대하는 애티커스, 중독증과 싸우는 듀보스 할머니, 유치장에 몰려온 무리와 맞서는 스카웃 등을 통해 점차 진정한 용기를 배우게 된다. 그 과정에서 그는 여동생을 데리고 다니며 공범자로 만드는 소년에서 여동생을 보호하고 주위에서 일어나는 일을 이해하도록 돕는 어린 신사로 성장한다.

여동생은 젬을 간혹 짜증스럽게 잘난 척은 해도 정말로 흡족한 오빠로 생각한다. 젬은 아버지 같은 사람이 되고 싶으며, 아버지를 쫓아 변호사가 될 계획이다. 젬은 아버지를 우상처럼 보기 때문에 아버지를 실망시키기보다는 자기가 다치는 것을 개의치 않는다. 그리고 나이가 들면서, 자신의 결정에

호응이 없더라도 올바른 일을 하기 시작한다. 예를 들면, 딜이 집에서 도망쳐 스카웃의 방으로 숨어들자, 그는 "네 어머니께서도 네가 있는 곳을 아셔야 해"라고 말하며, 스카웃과 젬이 반대하는데도 애티커스를 부르는 어려운 결정을 내린다. 그 후 잠시 스카웃과 딜에게 따돌림을 당하지만 자신의 결정이 옳았다고 확신한다.

소년들이 대개 그렇듯이 젬도 이상주의적인 경향이 강하다. 애티커스가 톰 로빈슨 재판에 얽힌 복잡한 일에 대해 길게 설명해 주지만, 그는 배심원단의 평결을 받아들일 수 없다. 그는 사법제도를 개혁하고 배심원 평결제도를 없애버릴 꿈을 꾼다. 현명한 애티커스는 젬의 그런 생각을 무시하지 않는다. 아들의 견해를 존중하면서 이 비극적인 사건에 더욱 현명하게 대처하도록 도울 뿐이다. 그래도 젬은 스카웃이 게이츠 선생의 인종차별적 발언에 대해 말하자 이렇게 소리친다. "다시는 그 재판에 관한 말은 듣고 싶지 않아, 내 말 알아듣겠어?" 젬의 상황 대처 능력은 아직 발달중이며, 가족은 그 능력이 더욱 발전하는 데 필요한 공간을 마련해 준다.

톰의 재판과 관련된 사건에서 신체적인 피해를 입은 사람은 톰 로빈슨과 강한 일체감을 느끼는 젬밖에 없다는 사실은 얄궂은 일이다. 더구나 젬은 팔에 부상을 당해 톰 로빈슨처럼 왼팔이 오른팔보다 약간 짧아졌다. 톰 로빈슨도 젬의 나이에 부상을 입었던 것이다. 그리고 젬의 팔을 부러뜨린 장본인이 바로 톰 로빈슨을 감옥에 보내 간접적으로 톰을 죽인 사람이라는 사실 역시 아주 얄궂다.

○ 딜 해리스

미시시피 주 출신인 딜은 메이콤 지역사회에서는 이방인에 속하지만, 메이콤에 친척이 살고 있으며, 어리기 때문에 곧 그곳 사람으로 받아들여진다. 딜은 여러 등장인물을 혼합한 것 같은 성격을 지니고 있기 때문에 흥미로운 존재다. 따라서 딜은 독자들이 메이콤을 이해하는 데 필요한 일종의 도덕 체온계 역할을 맡는다. 특히 미국 남부에서 살고 있지 않은 독자들은 딜처럼 메이콤이 생소한 곳이다. 그런 독자들에게 딜은 스카웃의 말을 객관적으로 관찰할 수 있는 길을 열어준다.

딜은 스카웃처럼 관찰자지만, 이곳 태생이 아니기 때문에 사전 지식이나 이해관계가 전혀 없다. 스카웃이 어머니를 모르는 것처럼 딜은 아버지를 모른다. 부 래들리를 바깥 세계로 끌어내려는 딜은 톰 로빈슨에게 죄를 뒤집어씌우려는 밥 이월과 크게 다르지 않다. 다만 딜에게는 밥 이월 같은 사악함이 없다는 점이 다를 뿐이다. 딜은 톰의 재판 과정에서 거짓말을 하는 메이옐러처럼 아주 엉뚱한 거짓말을 잘하고, 얼토당토않은 이야기를 잘 지어낸다. 그리고 돌퍼스 레이몬드가 시내에 올 때 주정뱅이로 가장하는 듯이 꾸며대는 경우도 많다. 젬이 래들리네 집으로 위험을 무릅쓰고 바지를 찾으러 간 것처럼 딜은 메이콤으로 도망치면서 위험에 노출된다.

딜의 엉뚱한 거짓말은 이 소설에서 거짓말에 관한 문제를 전면에 부각시키는 역할을 한다. 딜이 거짓말을 하자 스카웃은 몹시 화를 내면서도 "사람은 경우에 따라 거짓말을 해야 하고, 또 그 상황에 대해 아무것도 할 수 없을 때는 항상 거짓말을 해야 한다"는 것을 알게 된다. 이 말은 메이옐러가 재판 때 거짓말을 하게 되는 상황을 암시한다. 그러나 그토록 쉽게 거짓말을 하는 딜도 톰 로빈슨에 대한 이월의 거짓말이 먹혀드는 현실에 흐느껴 운다.

○ 부 래들리와 톰 로빈슨

부 래들리는 백인이고 톰 로빈슨은 흑인이지만, 두 사람 사이에는 공통점이 많다. 작가는 두 인물을 동시에 등장시켜 정의와 자비심이란 피부 색깔과 편견을 뛰어넘는 것이란 사실을 증명한다. 〈앵무새 죽이기〉는 두 남자에 관한 은유적인 표현이다. 두 사람 모두 앵무새인 것이다. 그러나 한 앵무새는 총에 맞아 죽고, 또 다른 앵무새는 살인을 저지를 수밖에 없는 상황으로 몰린다.

부와 톰은 둘 다 장애인이다. 작가는 부가 신체적으로 건강한 사람이 아닐 수도 있고, 또 정신적으로 안정된 사람이 아니라고 추측할 수 있는 암시를 던진다. 그러나 진짜 상태에 관한 직접적인 언급은 전혀 없다. 톰은 날개가 부러진 새처럼 신체적 장애를 지녔지만, 메이콤에서 더 큰 '장애'가 되는 것은 흑인이란 사실이다.

　부는 스카웃과 젬을 자식으로 생각하고, 자신에게 귀중한 물건을 나무 구멍에 넣어두며, 젬의 바지를 꿰매주고, 스카웃을 담요로 덮어준다. 그리고 결국에는 아이들을 위해 살인까지 저지른다. 부의 가족들은 부가 아이들에게 갖는 애정을 좋아하지 않은 것 같다. 그렇지 않다면 래들리 씨가 나무 구멍을 시멘트로 발라버리지 않았을 것이다. 부는 자기가 잔인하고 유치한 장난의 대상이 되고 있다는 사실을 알면서도 아이들을 사랑한다. 톰도 메이엘러가 도움이 필요한 사람이라는 사실을 알게 된다. 톰은 '이월 씨는 메이엘러를 전혀 도와주려 하지 않고, 다른 아이들도 마찬가지였기 때문에' 도와주려 했다고 증언한다. 톰은 결국 메이엘러를 도와주려다 목숨을 잃는다.

　두 사람은 메이콤 마을에 대해 아주 잘 알고 있다. 스카웃과 젬은 모르고 있지만 부는 아이들이 성장하는 것을 지켜보았다. 부는 이월네 집안에 대해서도 잘 알고 있으며, 다른 사람들과 마찬가지로 그들을 좋지 않게 생각할 것이라고 독자들은 추측할 수 있다. 부와 톰은 과거에 사소하게 법을 어긴 일이 있지만 고운 심성은 변함이 없다. 톰은 메이엘러의 유혹을 받자 본능적으로 위험에 처했다는 것을 느낀다. 그리고 보수를 받지 않고 그녀를 돕는 일이 위험하다는 것을 알았을 테지만 인간에 대한 자비심은 그러한 사회적 장벽을 뛰어넘었다.

메이콤 지역사회와 아이들은 각각 톰 로빈슨과 부에게 편견을 가지고 있다. 아이들은 부의 정체를 아무런 근거 없이 제멋대로 규정한다. 이웃 사람인 부가 아니라, 귀신의 집에 나오는 괴물 부가 보고 싶은 것이다. 그런데 아이들이 톰이 억울하게 죄를 뒤집어쓰는 것을 보고, 부가 집에 틀어박혀 지내려는 이유를 이해하게 되는 것은 역설적이다. "부는 집 안에 있고 싶기 때문에 그런 거야."

○ 알렉산드라 고모와 모디 앳킨슨 아줌마

알렉산드라 고모와 모디 아줌마는 나이가 비슷하고, 핀치스 랜딩에서 이웃으로 자랐다. 이렇게 성장 배경이 같지만, 완전히 정반대인 경우도 드물다. 작가는 이렇게 대비되는 두 인물을 등장시켜 관용의 문제를 더욱 깊이 다루고 있다.

알렉산드라 고모는 메이콤의 사회적 관습을 몹시 의식하며, 그 테두리 안에서 살려고 한다. 따라서 틈만 나면 지역 유지의 특권을 이용해 다른 사람에게 도덕적인 조언과 충고를 하는 버릇이 있다. 입는 옷도 정해진 틀에서 벗어나지 않는다. 반면, 모디 아줌마는 메이콤의 관습에서 벗어나려는 경향이 있다. 메이콤의 테두리 안에서 살지만, 애티커스처럼 독자적인 신념을 견지하는 것이다.

모디 아줌마는 알렉산드라 고모를 기꺼이 새로운 이웃

으로 반기지만, 고모의 말을 반박하는 데 주저하지 않는다. 알렉산드라 고모가, "모디, 나는 애티커스가 하는 일을 모두 찬성하지는 않지만, 그래도 동생이니까 어쩔 수가 없어"라고 말하자, 애티커스는 모든 일을 훌륭하게 처리하고 있으며 메이콤에서도 그를 지지하는 사람이 많다고 말해 준다. 다만 조용하게 지지하고 있을 뿐이라는 것이다. 그리고 알렉산드라 고모는 애티커스가 아이들을 기르는 방식을 아주 좋지 않게 생각하지만, 모디 아줌마는 상당히 좋아한다.

알렉산드라 고모는 행동거지를 여성답게 하는 데 신경을 쓰는데, 모디 아줌마는 개의치 않는 것 같다. 정원에서 일할 때는 남자 작업복 차림이지만, 전통적인 여성 의상도 편하게 입는다. 알렉산드라 고모는 스카웃을 '남부의 햇살처럼 밝은 숙녀'로 만드는 데 집착하지만, 모디 아줌마는 스카웃을 있는 그대로 인정한다. 따라서 스카웃은 여성의 역할을 이해하도록 돕고, 관용을 갖도록 가르쳐주는 모디 아줌마를 이상적인 여성상으로 받아들인다. 모디 아줌마는 애티커스처럼 아이들을 어른으로 대접하고, 스카웃이 실수를 해도 웃지 않으며, 아이들이 자기 정원의 정해진 테두리 안에서 놀도록 허용한다. 알렉산드라 고모는 에베레스트 산처럼… '차갑고 항상 그곳에 있는' 존재라면, 모디 아줌마는 틀니를 빼서 스카웃에게 보여줄 정도로 친근하고 따뜻한 여성이다.

모디 아줌마는 조용하게 종교를 믿는데, 그것을 겉으로

드러내는 경우는 '광신도들이 여성은 원죄를 짓고 태어났다'고 떠들 때뿐이다. 반면에 알렉산드라 고모는 종교적 신념을 공공연하게 드러낸다. 종교단체라기보다 사교 모임의 성격을 지닌 선교협회에서도 고모는 활발하게 활동한다. 선교협회 회의에서는 관용은 찾아보기 힘들다. 아프리카 므루나 족의 상황에 관해 개탄하던 선교협회의 숙녀들은 메이콤의 흑인들은 고마워할 줄 모른다며 이야기의 꽃을 피운다. 그러자 모디 아줌마가 단 두 마디로 숙녀들의 입을 막는다. 알렉산드라 고모는 그 말에 동의하지는 않아도 가족 이외의 사람들 말은 반박하기를 꺼린다.

○ 밥 이월과 메이옐러 이월

이월네 식구들은 자신들이 메이콤 백인 사회에서 가장 밑바닥에 있다는 사실을 잘 안다. 돈도 없고, 학교 교육도 못 받았으며, 가정 교육도 형편없다. 메이콤에서 자랑할 수 있는 것이라곤 백인이란 사실뿐이다. 이런 상황에 처한 사람들이 대부분 그렇듯이 이월 가족도 신분을 향상시키고 싶어한다. 그러나 밥은 가족의 운명을 개선하는 데 필요한 노력을 기울이려고 하지 않으며, 메이옐러는 인생을 변화시킬 수단이 전혀 없다.

어머니가 죽자 메이옐러는 아버지의 아내 겸 어린 동생들의 어머니 노릇을 한다. 메이옐러가 인생을 개선시키고 싶어한다는 것은 쓰레기더미 같은 집에서 빨간 제라늄을 아주 아름답게 기르고 있다는 사실이 증명한다. 아버지는 하루 종일 밖에서 술을 퍼마시며 돌아다니기 때문에 집에서 동생들을 돌보느라 메이옐러는 학교에 갈 수 없다. 아버지에게 성폭행을 당하며 매를 맞아도 하소연할 곳도, 도움을 요청할 사람도 없다. 열아홉 살밖에 안 됐지만 인생은 이미 정해져 있다. 계속 아버지에게 강간당하고 매를 맞으며 살다가, 결혼을 하고 그 악순환을 되풀이할 것이다.

흑인과 성관계를 가진다는 생각은 위험하면서도 뭔가 새로운 흥분을 자아내는 일이지만, 보다 중요한 것은 톰을 유혹함으로써 메이콤 사회에서 무력하기만 했던 그녀가 톰을 좌지우지할 수 있는 힘을 얻게 된다는 점이다. 만약 톰이 메이옐러와 성관계를 가지겠다고 하면 톰은 평생 메이옐러가 시키는 대로 해야 한다. 만약 톰이 거절하면 어떻게 되는지는 독자들은 이미 알고 있다. 한심한 생활을 하던 그녀는 힘을 가지려고 한 사람의 생명을 빼앗았다. 메이옐러는 그렇게 원하던 존경심을 애티커스가 보여주자, 자신을 조롱한다고 비난하면서 답변을 거부한다.

밥 이월도 생활을 개선하고 싶은 마음은 있지만, 스카웃의 말대로 '실업자 구제를 위한 공공 근로 일자리에서 해고된 사람은 처음 보았을' 정도로 게으르다. 그에게는 의지가 전혀 없다는 것이 명백하다. 이월은 주정뱅이에다 식구들을 괴롭히는 사람으로 메이콤 사회에서 낙인찍힌 인물이다. 그러나 그는 톰 로빈슨을 고소하는 과정에서 드디어 기회를 잡았다고 생각한다. '위험한' 흑인 남자로부터 메이콤의 백인 여성들을 구한 공로로 마을에서 영웅이 되고, 법정으로 문제를 가져가 딸을 지켜주면 자기 가족의 위상이 올라가리라고 착각하는 것이다. 만에 하나 마을 사람들이 자기 집안을 존경하게 되지는 않는다손 치더라도, 최소한 흑인들이 백인 여자가 흑인 기혼자를 유혹했다고 떠들지는 못할 것이란 계산도 작용한다. 그러나 밥 이월의 계산은 모두 빗나간다. 재판이 끝날 무렵에는 이미 부녀는 거짓말쟁이란 사실이 밝혀지고, 그는 딸을 강간하고 폭행했으며 식구들을 굶기는 가장이고, 메이엘러가 톰을 유혹했다는 사실을 마을 전체가 알게 된다. 생활이 나아지기는커녕, 그의 집안이 아주 형편없다는 사실을 만천하에 밝힌 셈이다.

이런 상황에서 밥이 할 수 있는 일은 추락한 자존심을 회복하려고 발버둥치는 것밖에 없다. 그는 법정에서 자신에게 창피 준 사람들을 해치겠다는 협박을 행동에 옮긴다.

마무리 노트

미국 남부의 인종 문제　○

미국 남부의 인종 문제

작가가 이 소설에서 언급하는 인종 문제는 이 이야기가 시작되기 훨씬 이전부터 발생한 것이며, 이 이야기가 끝난 후에도 오랫동안 지속되었다. 작가가 이 소설에서 다루고 있는 여러 가지 편견을 제대로 이해하려면 미국 남부의 복잡한 인종 문제의 역사를 먼저 알아야 한다.

●짐 크로 법

짐 크로는 미국 흑인 유랑극단의 코미디에 등장하는 주인공 이름이다. 그 이름에서 따온 인종 차별법인 짐 크로 법(Jim Crow Laws)은 흑인들의 사회 참여를 극도로 제한했는데, 이 법을 시행하는 주가 많았다. 미국 대법원은 1883년에 헌법 수정조항 제14조를 개인적인 차원에서 시행할 수는 없다는 판결을 내려 짐 크로 법이 생길 수 있는 길을 열었다. 그 후 1890년에 등장한 짐 크로 법은 계속 확장되어 1960년대에 흑인 민권운동이 일어날 때까지 시행되었다.

당시 많은 백인들은 흑인들이 노예해방 이후 발전한 것이 아니라 퇴보했다고 믿었다. 남부의 교회들은 이런 견해를 지지하고, 짐 크로 법의 시행에 협조하는 경우가 많았다.

더구나 흑인 교회들도 백인 교회처럼 짐 크로 법을 지지하는 경향이 있었다. 어떤 집단이 다른 집단을 계속 지배하게 되는 데는 심리적인 요인이 크게 작용한다. 지배 집단이 무력을 사용하면 피지배 집단은 이 상황을 변화시킬 수 없다는 무력감을 갖게 되고 부지불식간에 지배당하는 것을 당연시한다. 흑인 민권운동이 힘을 얻기 전까지 흑인 교회는 백인의 압제를 종식시키려 하기보다는 신도들에게 순응을 가르쳤던 것이다.

짐 크로 법은 거의 모든 공공 생활로 확장되었다. 흑인의 공공건물 출입구는 따로 마련되었으며, 화장실과 식수대도 마찬가지였다. 기차나 버스에서도 흑인은 뒷자리에 앉아야 했다. 식당에서도 같은 방에 앉을 수 없었고, 함께 당구를 칠 수도 없었으며, 감옥과 공동묘지도 달랐다. 흑인은 프로 스포츠에서 백인과 같이 뛸 수 없었으며, 군대에서도 함께 복무할 수 없었다. 흑인 자녀는 백인 학교에 다닐 수 없었고, 흑인 이발사는 백인 여성의 머리를 만질 수 없었다. 그리고 백인 여성 간호사는 흑인 남성을 간호할 수 없었다. 이런 짐 크로 법이 모든 주에서 시행된 것은 아니었지만 백인 문화와 지배력을 보존한다는 명분으로 흑인의 사기를 꺾으며 광범위한 분야에서 영향력을 행사했다.

● **흑백의 결혼**

작가가 이 소설을 집필할 당시 백인 엘리트 계층 사이에는 흑인들이 백인과 결혼해 자녀를 낳으면 백인 사회에 흑인이 침투하게 된다고 두려워하는 사람들이 많았다. 따라서 많은 주에서 흑인과 백인의 결혼을 불법으로 규정했다.

흑백간의 결합으로 태어난 아이들을 '뮬라토(mulatto)'라고 불렀는데, 이 말은 노새(mule)에서 유래된 용어다. 즉 혼혈아들은 노새처럼 자연스러운 결합으로 태어난 아이들이 아니라는 의미가 들어 있는 것이다. 그런데 흑인 여성에게서 태어난 혼혈아들은 백인 우월주의에 위협이 되지 않는다고 생각했다. 따라서 돌퍼스 레이몬드 같은 백인 남자들이 흑인 여성과 결혼하면 눈을 돌려 못 본 척했다.

흑인 남성들이 백인 사회, 더 나아가 백인의 세력을 와해시키려고 백인 여성을 강간해 아이들을 낳으려 한다는 어처구니없는 공포가 만연하게 된 것은, 바로 이런 흑백간의 결합에 대한 두려움이 극한으로 치달은 결과였다.

이런 종류의 범죄가 실제로 발생한 적은 드물었지만 '과도한 강간 공포'의 광기가 톰 로빈슨의 목숨을 빼앗은 치명적인 결과를 낳게 된 것이다.

● **스코츠보로 재판**

작가는 톰 로빈슨의 재판을 1931년에 일어난 스코츠보로 사건에서 영감을 얻었는지도 모른다. 두 백인 여성이 테네시 주에서 앨라배마 주까지 가는 도중에 강간을 당했다며 흑인 남성 아홉 명을 고소한 사건이다. 당시, 이들 여성 두 명,

흑인 남성 아홉 명, 그리고 백인 남성 두 명은 화물차를 타고 남부로 향하던 길이었다. (대공황 시절에는 일거리가 귀해서 실직자들이 화물차를 타고 떠돌아다니며 일자리를 구하는 일이 흔했다. 그런데 흑인과 백인이 같은 일자리를 놓고 경쟁했기 때문에 백인들의 불만이 커졌다.)

화물차를 타고 가는 도중에 백인과 흑인 남성들 사이에 싸움이 일어나 백인들은 화물차에서 내려야 했다. 이들은 앨라배마 주에 도착하자 부랑 생활을 한다는 혐의로 체포되었다. 두 백인 여성은 신원이 확실하지 않았고, 그 중 한 명은 매춘부였다. 이들은 남부의 정서를 이용해 감옥에 갇히는 것을 면하려고 했다. 바로 흑인 남성 아홉 명을 강간 혐의로 고소한 것이다.

의사의 검진 결과 강간당한 흔적이 전혀 없다는 사실이 밝혀졌는데도, 여덟 명이 사형 선고를 받았다. 대법원에서 재심 명령이 내려졌고, 이 과정에서 여성 한 명이 증언을 번복했지만 여덟 명은 다시 유죄 평결을 받았다. 상고심은 7년을 끌었고, 그 사이 흑인 남성들 중 일부는 탈옥하고, 일부는 가석방되었다. 1950년에 마지막 남은 사람이 석방되었으며, 한 명은 1976년에 사면을 받았다.

뿌리 깊은 편견을 이용해 수치스러운 비밀을 지닌 백인 여성 두 명이 흑인 남성 여덟 명의 인생을 도둑질한 것이다.

● **흑인 민권운동**

　　노예해방 이후 흑인 사회는 간헐적으로 흑인 민권운동을 벌였지만, 1950년대에 접어들면서 그 열기는 거의 식어버렸다. 흑인들 중에는 체념하듯 짐 크로 법을 받아들이고 체제 내에서 만족하는 사람들이 많아졌다. 앨라배마 주에 거주하는 교육을 받은 흑인들은 다시 민권운동에 불을 댕길 불씨를 찾고 있었다. 그 불씨를 로자 파크스란 여성이 던져주었다.

　　1955년 12월의 어느 날, 파크스는 앨라배마 주의 몽고메리 시에서 하루 종일 일한 피곤한 몸을 이끌고 만원 버스에 올라서는 백인석 뒷자리에 앉았다. 그런데 백인이 버스를 타자, 운전기사가 파크스를 비롯한 몇 명의 흑인에게 자리에서 일어날 것을 요구했다. 파크스는 거부했고, 이 일로 그녀가 체포되면서 흑인 사회의 민권운동에 불이 붙었다. 1년에 걸쳐 버스 승차거부 운동이 일어났고, 그 결과 대중교통 수단에서의 흑백 차별이 철폐되었다. 파크스는 교육을 받은 여성으로, 남부 흑인들의 고초에 관심이 많았다. 흑인 민권운동을 하려고 의도한 것은 아니었지만 기회가 주어지자 그녀는 도전을 받아들였던 것이다.

　　대법원이 대중교통 수단에 흑백 차별을 둔 앨라배마 주의 법이 위헌이라는 판결을 내리자, 흑인 민권운동은 그 열기를 더하게 되었다. 앨라배마 주 몽고메리 시의 흑인 목사 마틴 루터 킹 주니어가 이 운동의 지도자로 떠올랐고, 여성 몇 명이 버스 승차거부 운동을 막후에서 조직해 민권운동의 열기가 식지 않도록 했다.

몽고메리 시의 버스 승차거부 운동과 때를 맞춰 터스칼루사 소재 앨라배마 대학교에서도 흑인 민권 문제가 전면으로 대두되었다. 그 지역 백인 전용 학교에 오서린 루시란 흑인 여학생이 입학했고, 인종 갈등이 격화되자 학교 이사회가 몇 달 후에 이 여학생을 퇴학시켰던 것이다. 이 사건으로 흑인 민권 운동에 불씨가 더해졌을 뿐이다. (루시는 1992년에 앨라배마 대학교에서 석사 학위를 받았다.)

1957년에는 아칸소 주의 리틀록 시의 학교들이 흑백 차별을 폐지하자 백인들이 극렬하게 저항해 주방위군이 출동하는 사태도 있었다.

〈앵무새 죽이기〉는 이런 분위기 속에서 집필되었다. 작가가 어린 시절에 겪었던 경험, 문화, 법, 생활만이 아니라, 집필 당시의 흑인 민권운동도 이 소설의 탄생에 영향을 끼쳤다고 할 수 있다.

이 부분은 원작에 대한 이해력을 테스트하는 난입니다. 다음의 세 가지 코너를 차례로 끝내면, 〈앵무새 죽이기〉에 대한 포괄적이고 의미 있는 파악이 가능해질 것입니다.

A 다음 질문에 알맞은 답을 고르거나 써넣으시오.

1. (   )은 독일에 거주하는 유태인이 당하고 있는 고초에 대해서는 동정하지만, 자신이 살고 있는 곳의 흑인들 고초에 대해서는 관심을 갖지 않는다.

2. 캘퍼니아에게 읽고 쓰는 법을 가르친 사람은 누구인가?

    a. 애티커스
    b. 모디 아줌마의 이모
    c. 스카이스 목사

3. 스카웃의 사촌인 프랜시스 핸콕은 애티커스를 뭐라고 부르나?

    a. 거짓말쟁이
    b. 비겁쟁이
    c. 검둥이를 좋아하는 사람

4. (   )는 젬에게 나무가 죽어가서 구멍에 시멘트를 발랐다고 말한다.

정답: 1. 게이츠 선생 2. b 3. c 4. 네이선 래들리

B　원작에서 다음 인용문을 찾아, 그 장면에 대해 설명하시오.

1. 다른 사람과 같이 살려면 먼저 나 자신과 같이 살아야 하는 거야. 다수결의 원칙에 적용되지 않는 것이 한 가지 있는데, 그건 사람의 양심이지.

2. 나는 한쪽 손을 다른 쪽 손처럼 잘 사용할 수 있죠. 한쪽 손을 다른 쪽 손처럼요.

3. 알렉, 문을 다 닫아. 10달러를 모으기 전까지는 아무도 여기서 나갈 수 없어.

4. 우리는 이 세상에서 제일 안전한 곳에 사는 사람들이야.

5. 커닝햄 씨, 그 상속 문제는 어떻게 돼가고 있나요?

모범답안: 1. 젬이 듀보스 할머니에게 화단을 망가뜨린 것에 대해 사과하러 가자, 애티커스는 스카웃에게 왜 사람들에게 욕을 먹는 톰 로빈슨의 변호를 맡기로 결정했는지 설명한다. 2. 밥 이월이 증언하면서 왼손잡이라는 것을 보여준다. 하지만 검사가 ambidextrous(양손을 다 자유자재로 사용할 수 있는)냐고 묻자, 무식을 드러낸다. 3. 스카이스 목사가 교회 신도인 톰 로빈슨 가족에게 줄 성금을 모금하고 있다. 스카웃과 젬은 목사의 강압적인 태도에 놀란다. 4. 젬이 전에는 메이콤 주민들이 이 세상에서 제일 선량하다고 생각했다는 말을 하자 모디 아줌마가 대답하고 있다. 5. 유치장 앞에서 애티커스와 남자들 무리가 대치하고 있는 와중에 스카웃이 무리 중에 애티커스의 고객이며, 반 친구의 아버지이기도 한 커닝햄에게 말을 건다.

C 다음 주제에 대해 간단히 서술하시오.

1. 애티커스는 왜 테일러 판사가 자신을 톰의 변호사로 지명했다는 것을 아이들에게 밝히지 않기로 하는가? 이런 결정 때문에 스카웃은 아버지를 어떻게 생각하게 되는가?

2. 스카웃의 눈을 통해 이 이야기를 전하고 있는, 어른이 된 진 루이스는 이야기에 어떤 수식을 가하고 있다고 생각하는가? 적어도 5년 전에 자신의 생활 속에 일어난 사건을 생각해 보라. 지금은 그 사건을 다른 관점에서 보고 있는가? 그 동안 세월이 흐르고, 교육을 받은 것 때문에 그 사건에 대한 인식이 바뀌었는가?

3. 데이빗 구터슨의 〈삼나무에 내리는 눈〉을 읽어보라. 두 이야기는 어떤 점이 같은가? 또 어떤 점이 다른가? 애티커스 핀치와 톰 로빈슨, 넬스 거드먼슨과 카부오 미야모토를 비교해 보라. 스카웃과 해츄가 지역사회에서의 자기 위치를 어떻게 이해하고 있는지 비교하라.

4. 스카웃과 젬의 엄마가 살아 있다면, 애티커스, 스카웃, 젬, 캘퍼니아, 알렉산드라 고모는 어떻게 달라져 있을까?

5. 만약 톰이 백인이었다면 헤크 테이트가 그 사람을 그렇게 빨리 범죄자로 단정했겠는가? 어느 쪽이든 그 이유는 무엇이라고 생각하는가? 만약 부 래들리가 흑인이었다면 헤크 테이트가 그 사람을 체포하는 것을 그렇게 주저했겠는가? 어느 쪽이든 그 이유는 무엇이라고 생각하는가?

6. 젬과 스카웃의 관계와 애티커스와 알렉산드라 고모의 관계를 비교하고 대조하라.

7. 스카웃에 대해 알고 있는 것을 바탕으로 어른이 된 진 루이스 핀치가 어떤 사람인지 말해 보라.

8. 메이옐러가 톰에 대해 위증했다는 것을 인정했다고 가정해 보자. 그
   렇다면 그녀는 어떻게 되었을까? 톰은 어떻게 되었을까? 스카웃, 젬,
   딜은 이 사건을 어떤 식으로 인식하게 되었을까? 메이콤 주민들은
   톰의 무죄를 받아들이려고 했을까? 어느 쪽이든 그 이유는 무엇이
   라고 생각하는가?

9. 부가 아이들에게 주려고 나무 구멍에 넣어둔 물건들에는 어떤 의미
   가 있는가? 그 물건들을 보면 부가 어떤 사람이라고 생각되는가?
   부의 형제는 아이들에게 물건을 주는 것을 왜 그렇게 강력히 반대하
   는가?

10. 트루먼 캐포티의 〈다른 목소리, 다른 방〉을 읽어보라. 하퍼 리가 트
    루먼 캐포티를 모델로 삼아 딜이란 인물을 창조했듯이 트루먼 캐포
    티는 어린 시절의 친구인 하퍼 리를 모델로 삼아 아이더벨이라는 인
    물을 창조했다. 아이더벨과 스카웃을 비교하라. 두 인물을 보면 하
    퍼 리가 어떤 사람이라는 것을 알 수 있는가? 두 인물은 어떻게 다
    른가? 조엘과 아이더벨의 관계와 딜과 스카웃의 관계를 비교하라.
    두 사람 사이의 우정이 각각의 이야기에서 어떤 역할을 하는가? 두
    이야기의 배경을 비교하라.

11. 하퍼 리는 주인공들이 실제 환경에서 사용할 법한 표현과 문법을 구
    사하고 있다. 이런 기법이 등장인물들을 이해하는 데 도움이 되고
    있는가, 아니면 방해가 되는가? 만약 작가가 표준적인 어법과 분법
    만 사용했더라면 똑같은 분위기의 소설이 되었을까?

12. 마크 트웨인의 〈허클베리 핀의 모험〉을 읽고, 스카웃과 헉이 배운
    교훈을 비교하라. 짐과 톰 로빈슨은 어떤 점이 같으며, 어떤 점이 다
    른가? 이 두 작품에 대해 특히 학교와 공공도서관에서 독서금지 처
    분을 내리려고 한 바 있다. 왜 이 소설들에 대해 독서금지 처분을 내
    리려 했다고 생각하는가? 어떤 책에 대해서든 독서금지 처분이란
    옳은 것인가, 어느 쪽이든 그 이유는 무엇인가?

13. 등교 첫날 캐롤라인 선생이 스카웃을 대하는 태도와 메이콤 주민들
이 메이옐러 이월을 대하는 태도를 비교하라.

14. 미국 흑인들은 오늘날에도 편견을 받고 있는가? 받고 있다면 어떤
편견을 받고 있는가? 하퍼 리가 〈앵무새 죽이기〉에서 다룬 문제들
은 해결되었는가, 아니면 지금도 계속되고 있는가? 여러분이 살고
있는 지역사회에서는 어떤 형태의 편견이 있는가? 여러분은 편견을
당한 적이 있는가? 그 상황은 제대로 해결되었는가?

15. 왜 부 래들리는 집 안에만 있는가?

一以貫之 논술노트

가장 먼저 배우고 행해야 할 것에 대해

실전 연습문제

一以貫之는 '논어'에 나오는 말로 '모든 것을 하나의 이치로 꿴다'는 뜻입니다.

논술의 주제와 문제 유형, 제시문들은 참으로 다양하고 가지각색입니다. 그러나 그 모든 것을 하나로 꿸 수 있습니다. '인간사회의 보편적 문제들에 대한 근원적인 물음에 답하는 자기 나름의 견해'라는 것이지요. 논술은 인간이면 누구나 부닥치는 개인적 또는 사회적 문제들에 대한 자기 나름의 고민이자 성찰입니다. 논술은 자기견해, 자기 가치관, 자기 삶에 대한 솔직한 고백입니다.

一以貫之 논술 연구모임은 '자신의 물음'과 '자신의 생각'을 갖고 '자신의 글'을 쓸 수 있도록 도와줍니다.

〈집필진〉
이호곤, 우한기, 박규현, 김법성, 김재년, 김병학, 도승활, 백일, 우효기, 조형진

가장 먼저 배우고 행해야 할 것에 대해
—단 한 명의 '앵무새'도 죽지 않기를 바라며

들어가며

〈앵무새 죽이기〉란 작품을 처음 대하면 우선 제목이 뜻하는 바가 무엇인지 궁금하다. 여기서 '앵무새[*]'는 부 래들리나 흑인 톰 로빈슨처럼 남에게 해를 끼치지 않는 선량한 사람들임에도 고통을 받거나 목숨을 잃는 사람들을 상징한다. 작가는 메이콤이란 미국 남부의 작은 마을에서 변호사인 아빠 밑에서 오빠와 어린 시절을 보낸 '스카웃'이란 소녀를 통해 무엇이 선량한 사람들을 범죄자나 비정상적인 사람들로 내몰고 상처를 입히는지 잘 보여주고 있다. 더불어 그리한 그릇된 현실 앞에서도 앵무새를 살리기 위해 애쓰는 사람들이 가진 따뜻함과 용기, 그리고 지혜를 잔잔하지만 감동적으로 그려낸다.

이 소설은 무겁고 어려운 삶의 문제를 다루고 있지 않다. 다만 인간으로서 타인과 더불어 온기를 나누고 살기 위해 우리에게 필요한 가장 '기본적인 것'에 관한 문제를 다루고 있

---

[*] 〈앵무새 죽이기〉는 원제목이 *To Kill a Mockingbird*이다. 여기서 mockingbird는 앵무새가 아니라 정확히는 '흉내쟁이지빠귀'로 움직임이 활발하고 선명한 회색이나 갈색을 띠며 산림지에서 곤충이나 나무열매를 먹고 사는 새라고 한다. 그런데 처음 이 소설을 우리말로 번역한 책에서 '앵무새'로 부르면서 그 후에 국내에서 이 소설은 〈앵무새 죽이기〉로 알려지고, 그 다음의 번역서들도 이 제목을 사용하고 있다.

다. 따라서 이 소설을 읽는 데는 깊은 생각이나 폭넓은 안목과 시야가 필요하지 않다. 필요한 것이 있다면 따뜻한 마음과 열린 눈이다. 세상의 슬픔과 타인의 불행에 가슴 아파하며 눈물을 흘리기에는 너무 무디어진 사람이나 티 없는 어린이의 마음으로 돌아가기에는 너무 늙어버린 사람이 아니라면 소설 속의 아름다운 사람들은 독자들에게 메말라가는 자신의 삶을 돌아볼 기회를 곳곳에서 제공한다.

앵무새를 죽이는 것 ─ 익숙한 것과 낯선 것에 대한 편견

사회적인 관습과 제도, 그리고 사람들의 일상과 내면에는 '동질적인 것'에 대한 '편안함'이 뿌리 깊게 자리 잡고 있다. 동향, 동창, 동기, 동포, 동호인 등, 처음 만나는 사람일지라도 무언가 자신과 비슷한 점을 가지고 있는 사람은 익숙하고 친밀하게 여기면서 경계심을 갖지 않는다. 그런데 자신과 다른 무언가 '이질적인 것'을 만나면 웬일인지 거리감과 경계심이 생긴다. 소설의 배경이 되는 메이콤 마을 사람들에게 익숙한 것은 '일상적으로 이웃과 교류하면서 사는 삶'이다. 개인들의 특이한 점을 설명할 때도 어떤 집안의 누구라고 하면 이해가 되는 곳이 메이콤이다. 이처럼 한 개인을 어떤 범주로 분류해서 이해하는 것이 주는 편리함은 분명 있다. 그가 특정 범주의 사람들과 동일한 속성을 보여줄 때 그의 특성이 가장 쉽고 빠르게 이해되기 때문이다.

물론 메이콤에도 계급조직이 있었지만 내가 알기로는 이런 식으로 작용했다. 가령 나이 많은 주민들, 그러니까 지난 수십 년 동안 옆에서 살아온 현 세대 사람들은 서로서로에게 아주 예측 가능한 사람들이었다. 세대마다 반복되고 시간이 흐름에 따라 세련되었기 때문에 태도, 미묘한 성격 차, 심지어는 몸짓을 당연한 것으로 여겼다. 그래서 '크로포드네 사람들은 남 참견을 잘 한다'느니, '메리웨더네 사람들은 3대마다 한 사람씩 환자가 있다'느니, '델러필드네 사람들에게 진실이란 없다'느니, '뷰포드네 사람들은 하나같이 그 모양'이라느니 하는 말이 일상생활의 안내판 구실을 했다. 신중하게 은행에 전화 걸어보지 않고서는 델러필드네 사람으로부터 수표를 받지 마라. 모디 앳킨슨 아줌마의 어깨가 구부정한 것은 뷰포드 집안 출신이기 때문이다. 그레이스 메리웨더 부인이 리디어 E. 핑크햄 회사 제품 진을 마신다 해도 그건 놀랄 만한 일이 아니다―그녀의 어머니도 그랬으니까―모두 이런 식이었다.

그러나 이러한 익숙함이 낯선 것에 대한 편견으로 작용할 때, 문제는 자못 심각해질 수 있다. '이웃과 사교적인 삶'이 일반적인 메이콤에서 대부분을 조용히 집안에 지내며 혼자만의 비사교적 삶을 사는 '부 래들리'는 이상한 이웃이 된다. 메이콤 사람들에게 익숙한 것이 또 하나 있다. 그것은 바로 '흑인이나 혼혈인에 대한 편견과 선입관'이다. 이 익숙한 편견 때문에 혼혈아들을 낳은 '돌퍼스 레이몬드'나 백인을 돕다가 누명을 쓰고 죽게 되는 흑인 '톰 로빈슨'은 당연히 무언가 불결하고 범죄의 가능성을 지닌 사람들이 된다.

"배심원 여러분들이 그들과 마찬가지로 모든 흑인은 거짓말을 한다는 가정, 물론 그건 잘못된 가정이지요. 모든 흑인은 기본적으로 부도덕한 인간이라는 가정, 모든 흑인은 우리 여자들 주위에 믿고 내버려둘 수 없다는 가정, 우리가 그들의 정신과 관련짓는 그런 가정을 따르리라는 확신을 갖고 말입니다.

배심원 여러분, 그것은 우리가 알다시피 (톰 로빈슨의 피부처럼) 새카만 거짓말입니다. 여러분에게 지적할 필요조차 없는 거짓말이지요. 배심원 여러분은 진실을 알고 계십니다. 그 진실은 다음과 같습니다. 어떤 흑인은 거짓말을 하고, 또 어떤 흑인은 부도덕하며, 또 어떤 흑인은 여자를 ― 백인이건 흑인이건 ― 옆에 맡겨둘 수 없습니다. 하지만 그것은 인류 전체에 해당하는 진리이지 어느 특정한 종족에만 적용되는 것은 아닙니다. 이 법정 안에는 한 번이라도 거짓말을 해보지 않고, 부도덕한 짓을 한 번도 해보지 않고, 여자를 쳐다보며 한 번도 엉큼한 생각을 가져보지 않은 사람은 없을 겁니다."

때때로 '이질적인 것'에 대한 '불편함'은 상대의 존재 자체에 대한 '참을 수 없음', 즉 타자와 나의 다름에 대한 배타적 심리와 불관용의 태도, 차이에 대한 차별과 억압을 낳고 '앵무새를 죽이는 죄'로 이어진다. 특권의 폐지와 인권의 평등, 정의를 기초로 한 민주주의와 교육제도, 법정제도도 이러한 사회적 편견 앞에는 무기력하다.

"젬, 만약 너와 다른 열한 명의 애들이 배심원이었다면, 톰은 풀려났을 게야. 지금까지 네 삶에서 어느 것도 너의 판단 과정에 방해가 된 적이 없었지. 톰의 배심원들은 열두 명의 일상적인 삶을 사는 이성적 인간으로 구성되어 있어. 하지만 넌 그들과 이성 사이에 뭔가가 끼어드는 것을 본 거야. 그날 밤 감옥 앞에서 네가 본 것도 이와 똑같은 거였지. 그 패거리가 발길을 돌렸을 때 그들은 이성적 인간으로서 그렇게 한 것이 아니야. 그들은 우리가 거기 있었기 때문에 되돌아간 것뿐이지. 이 세상에는 사람들이 이성을 잃는 경우가 종종 있단다. 아무리 애써도 공정할 수만은 없는 거야. 우리 법정에서 백인의 말과 흑인의 말이 서로 엇갈리면 이기는 쪽은 언제나 백인 쪽이지. 비열하지만 그게 현실인 걸 어쩌니."

"그건 옳지 않아요."

오빠가 대꾸하며, 한 주먹으로 무릎을 가볍게 내리쳤다.

"그런 증거만 가지고 한 인간에게 유죄를 선고할 순 없어요. 그럴 순 없다고요."

"너희들은 그럴 수 없었지만 그들은 그렇게 할 수 있었고, 또 실제로 그렇게 했다. 네가 나이를 먹으면 먹을수록 더욱더 그런 일을 보게 될 거야. 무지개 색깔 중 어떤 피부색을 하고 있건 한 인간이 평등하게 대접받을 수 있는 곳이 하나 있다면 그것은 바로 법정이란다. 하지만 사람들은 자신의 원한을 배심석까지 가지고 가게 마련이지. 네가 나이를 먹으면 먹을수록 일상생활에서 매일 백인들이 흑인들을 속이는 걸 보게 될 거다. 하지만 네게 말해 주고 싶은 게 있다. 이 말을 잊지 않았으면 좋겠구나. 흑인을 속이는 백인은, 그 백인이 누구이건 아무리 돈이 많은 사람이건 아무리 명문 출신이건 쓰레기 같은 인간이야."

"제 말은요. 어떻게 히틀러가 그렇게 많은 사람들을 그런 울타리 안에 가둬둘 수 있었냐는 거예요. 정부가 못 하게 했을 것 같은데요."

손을 든 아이가 말했다.

"히틀러가 곧 정부야."

게이츠 선생님이 대답하시고는 학습을 더 활기차게 하실 기회를 잡으시고 칠판으로 다가가셨다. 큰 글씨로 '민주주의'라고 쓰셨다.

"민주주의. 이 말의 뜻을 말해 볼 사람 있나요?"

선생님께서 말씀하셨다.

"우리를 가리키는 거지요."

누군가가 대답했다.

언젠가 아빠가 말씀하신 선거구호를 기억하며 내가 손을 들었다.

"진 루이스, 그게 무슨 뜻이라고 생각하지요?"

"'모든 사람에게 평등한 권리를 부여해 주고, 어느 누구에게도 특권을 주지 않는 것'이요."

(중략)

"그게 말이야. 오늘 히틀러가 유태인들을 그렇게 취급하는 게 얼마나 나쁜 일인지 말씀하셨거든. 오빠, 누구라도 박해하는 건 옳지 않은 일이지. 안 그래? 내 말은, 심지어는 어느 누구에 대해서 나쁜 생각을 갖는 것도 말이야. 안 그래?"

"스카웃, 물론 옳지 않고말고. 한데 왜 그렇게 안달하는 거야?"

"그게 말이야. 그날 밤 게이츠 선생님이 법정에서 나오고 계셨거든. 우리 앞에서 계단을 내려가셨기 때문에 오빠는 선생님을 볼 수 없었지. 선생님이 스테파니 아줌마하고 이야기를 나누고 계셨어. 누군가가 그들에게 본때를 보여줄 때가 되었다고, 점점 분수도 모르고 주제넘게 군다고. 이러다가는 우리하고 결혼할 생각까지 하게 될 것이라고 말씀하시는 걸 들었거든. 오빠, 히틀러를 그토록 끔찍하게 미워하면서도 돌아서서는 바로 자기 나라 사람에 대해서는 비열하게 대할 수 있난 말이야?"

달라도 완전히 다르지 않으며 비슷해도 완전히 같지 않은 세상 만물의 같음과 다름을 어떤 태도로 받아들일 것인가가 문제다. 같음과 다름에 고정된 의미와 가치를 부여하지 말아야 한다. 그것이 바로 앵무새를 죽이는 편견의 뿌리이기 때문이다.

앵무새를 살리는 것 — 차이에 대한 인정과 타자의 입장에서 돌아보기

앵무새를 죽이는 사회적 편견과 문화가 존재하는 어떤 사회든지 앵무새를 살리기 위해 애쓰는 사람이 있게 마련이다. 소설 속 메이콤에서는 주인공의 아빠인 '애티커스' 변호사와 집안일을 도와주는 흑인 '캘퍼니아' 아줌마, 이웃집 '모디' 아줌마, '테이트' 보안관, '테일러' 판사, 혼혈아들을 둔 '레이몬드' 씨 등이다. 그들은 동네 이웃과 아빠의 직장 동료인 '마을 사람들'이다. 그들은 톰 로빈슨을 살리려고 노력했지만 뜻을 이루지 못했다. 그러나 '이월'이 '스카웃'과 '젬'을 습격하려다 '부 래들리'에게 죽자 '부 래들리'를 살리기 위해 사건의 진실을 덮는다. 그들을 통해 주인공 '스카웃'과 오빠 '젬', 그리고 친구 '딜'과 같은 아이들은 독립된 인격을 갖춘 건강하고 성숙한 인간이 되는 데 필요한 것들을 배우며 성장한다.

그들이 함께 나누는 것, 그들이 공통으로 기반하고 있는 그 소중한 것들은 도대체 무엇일까? 그냥 소설을 읽어보기만 하자. 그러면 알 수 있다. 그것을 아는 데 대단한 철학이나 사상, 지식이 필요한 것이 아니다. 초등학교에서 배워야 할 인간에 대한 기본 예의, 삶에 대한 기본 태도일 뿐이다. 어린 시절에 배웠다가도 잃어버린 것들이다. 좋은 줄 알지만 어디 그렇게 해서 살아갈 수 있을까 싶어 점차 하나씩 둘씩 포기한 것들이다. 그렇지만 끝없이 나의 양심과 욕망을 자극하는 그런 것들이다. 바로 '차이와 낯선 것에 대한 인정', '상반된 입장에 대한 관용', '타인의 입장에서 돌아보기', '인간에 대한 친절함과 따뜻함', '자신에게 닥친 일을 해결하는 데 필요한 책임과 용기, 그리고 지혜' 등등이다.

"우선, 첫째. 스카웃, 네가 간단한 요령 한 가지만 배운다면 모든 사람들과 잘 지낼 수 있을 거야. 누군가를 정말로 이해하려고 한다면 그 사람의 입장에서 생각을 해야 하는 거야?"

"아빠?"

"말하자면 그 사람 몸속으로 들어가 그 사람이 되어서 걸어다니는 거지."

아줌마는 하나님의 땅에서 자라는 것이라면 무엇이든지, 심지어는 잡초까지도 사랑했다. 그런데 여기에는 딱 한 가지 예외가 있었다. 아줌마가 마당에서 향부자 잡초 잎사귀를 발견이라도 하면, 그것은 두 번째 '마른 강 전투'와 같았다. 주석 통을 들고 달려가 그 잡초 밑부터 제초제를 뿜어댔다.

(중략)

"네 아빠 애티커스 핀치는 사람들이 다니는 길거리에서나 집안에서나 똑같이 행동하시는 분이시지."

　래들리 씨가 무엇을 했건 그건 아저씨가 알아서 한 일이었다. 아저씨가 밖에 나오고 싶었다면 그렇게 했을 것이다. 자기 집 안에 머물러 있고 싶었다면 호기심 많은 아이들의 관심을 피해 집 안에 있을 권리가 있었다.

　모디 아줌마는 수수께끼 같았다. 가지고 있는 재산을 거의 모두 날려버렸고 그렇게 아끼던 마당이 쑥대밭이 되었는데도, 아줌마와 젬 오빠와 내 일에 관해 진정으로 관심을 보이시는 거다.

　아줌마는 내가 당황하는 모습을 보신 것 같았다.

　"지난밤에 대해 걱정했던 게 하나 있다면, 불 때문에 일어난 위험과 소동이었어. 하마터면 이웃 전체가 날아갈 뻔했잖아. 에이브리 씨는 아마 일주일 동안은 누워 있어야 할 거야. 불길에 데었어. 그런 일을 하기에는 나이가 너무 많거든…"

　"아빠, 아빠가 틀리셨는지도 모르잖아요."

　"어째서 그렇게 생각하는 거지?"

　"글쎄요, 모든 사람들은 자기들이 옳고 아빠가 틀렸다고 생각하는 것 같아요…"

　"그들에겐 분명히 그렇게 생각할 권리가 있고, 따라서 그들의 의견을 충분히 존중해 줘야 돼."

　아빠가 말씀하셨다.

　"하지만 나는 다른 사람들과 같이 살아가기 전에 나 자신과 같이 살아야만 해. 다수결 원칙에 따르지 않는 것이 한 가지 있다면 그건 바로 한 인간의 양심이야."

"아빠는 정말로 검둥이를 좋아하는 사람이 아니지요?"

"정말로 흑인을 사랑한단다. 난 모든 사람을 사랑하려고 최선을 다하고 있어… 때로 나는 어려움에 처할 때가 있지. 누군가가 욕설이라고 생각하는 것으로 불린다고 해서 모욕이 되는 건 절대 아니야. 그 사람이 얼마나 보잘것없는 인간인가를 보여줄 뿐 상대방에게 상처를 주지는 않아. 그러니까 듀보스 할머니가 뭐라고 하시든 실망할 필요 없어."

"그래, 훌륭한 귀부인이셨어. 할머닌 세상일에 대해 할머니 자신의 생각이 있으셨지. 내 생각과는 아주 다른 생각이… 애야, 네가 그때 이성을 잃지 않았어도 난 할머니께 책을 읽어드리도록 했을 거야. 난 네가 할머니께 뭔가 배우기를 원했다. 손에 총을 든 사람이 용기 있다는 생각을 갖는 대신에 참으로 진정한 용기가 무엇인지를 배우길 말이다. 시작도 하기 전에 패배한 것을 깨닫고 있으면서도 어쨌든 새로 시작하고 그것이 무엇이든 끝까지 해낼 때 바로 용기가 있는 거다. 승리란 드문 일이지만 때론 승리할 때도 있지. 겨우 98파운드의 몸무게로 할머니는 승리하신 거야. 할머니의 생각대로 할머닌 어떤 것, 어떤 사람에게도 의지하지 않고 돌아가셨으니까. 할머닌 내가 지금까지 본 사람 중에서 가장 용기 있는 분이셨어."

“알고 있는 걸 모두 말할 필요는 없지. 그건 숙녀답지 못한 거구. 둘째로 사람들은 자기보다 똑똑한 사람이 옆에 있는 걸 좋아하지 않아. 화가 나는 거지. 말을 올바로 한다고 해서 그들 중 어느 누구도 변화시킬 수 없어. 그들은 스스로 배워야 하거든. 그들이 배우고 싶지 않다면 입을 꼭 다물고 있거나 아니면 그들처럼 말하는 수밖에.”

“하지만, 젬, 너도 나이를 먹으면 좀더 이해할 수 있게 될 거야. 폭도란 그것이 무엇이든 언제나 인간이거든. 커닝햄 아저씨는 어젯밤 폭도 중의 한 사람이었지만 여전히 인간이셔. 남부의 작은 읍내마다 모든 폭도들은 늘 우리가 알고 있는 사람들로 이루어져 있지. 별다른 사람들이 아니란 말이다, 안 그래?”

“그건 그래요.”

오빠가 대꾸했다.

“그래서 여덟 살짜리 애가 그들에게 판단이 서게 만들어줄 수 있었던 거야. 안 그래?”

아빠가 말씀하셨다.

“그걸 보면 뭔가 알 수 있어. 들짐승 같은 패거리들도 인간이라는 이유 하나만으로 멈추게 할 수 있다는 걸. 흠, 어쩌면 우리에겐 어린이 경찰대가 필요한지도 몰라… 어젯밤 너희들은 비록 짧은 시간이었지만 월터 커닝햄 아저씨를 아빠의 입장에 서게 만들었던 거야. 그걸로 충분해.”

아저씨는 딜을 향해 고개를 들었다.

"아직 저 애의 양심은 세상 물정에 물들어 있지 않았어. 하지만 조금만 나이를 먹어봐, 그러면 저 앤 구역질을 느끼며 울지 않을 거야. 어쩌면 세상에서 옳지 않은 일을 보아도 울먹이지 않을 거야. 앞으로 몇 년만 나이를 더 먹어봐. 그렇게 되지 않을 테니."

"아저씨, 내가 도대체 무엇 때문에 운다는 거예요?"

딜의 남자다움이 고개를 쳐들기 시작했다.

"사람들이 다른 사람에게 주는 고통 때문에 우는 거지. 심지어는 아무런 생각도 없이 말이야. 흑인들도 인간이라는 사실을 미처 생각하지는 않은 채 백인들이 흑인들에게 안겨주는 그 고통 때문에 우는 거란 말이다."

"젬. 너무 마음 아파하지 마라. 세상만사란 겉에 보이는 것처럼 그렇게 나쁘지는 않단다."

집 안에서 모디 아줌마가 무언가 길게 말씀하고 싶으실 때는 으레 무릎 위에 손가락을 펴시고 틀니를 다시 고정시켰다. 아줌마는 지금도 그렇게 하셨고, 우리는 잠자코 기다렸다.

"난 그저 이 세상에는 우리를 대신해 유쾌하지 않은 일을 하도록 태어난 사람들이 있다고 말해 주고 싶었다. 너희 아빠가 바로 그런 사람 중의 한 분이셔."

(중략)

"좀더 생각해 봐. 그건 우연이 아니었어. 지난밤에 난 현관에 앉

아서 기다리고 있었어. 너희 모두가 인도를 따라 걸어오는 것을 지켜
보려고 기다리고 있었던 거야. 그렇게 기다리면서 이런 생각이 들었
단다. "나는 애초에 애티커스 핀치는 이길 수 없다고 생각했지. 하지
만 이런 사건을 놓고 배심원들이 평결을 내리는 데 그렇게 오랜 시
간을 끌게 할 사람은 애티커스밖에는 없었어." 그러면서 나는 또 이
렇게 혼자서 생각했단다. 우리는 지금 한 걸음을 내딛고 있는 거야.
아기 걸음마 같은 것이지만 역시 걸음임에는 틀림없어."

"그럴 의도가 있었을 게다. 젬, 잠깐만이라도 한 번 밥 이월의
입장에서 생각해 보거라. 그 재판에서 나는 마지막 남아 있는 그의
성실성마저 깡그리 없애버렸거든. 물론 그가 조금이라도 성실성을
갖고 있었다면 말이다. 그 사람은 어떻게든 앙갚음을 하려고 하겠지.
그런 종류의 사람들이란 늘 그렇게 하거든. 그러니 내 얼굴에 침을
뱉고 나를 협박하는 것으로 메이옐러 이월에게 매질을 한 대 덜 한
다면, 나는 기꺼이 그걸 받아들일 수 있어. 그 사람은 어느 누군가에
게 화풀이를 해야 하고, 그 대상이 집에 가득한 그 집 애들보다는 차
라리 내가 되는 편이 낫지, 무슨 말인지 알아듣겠니?"

"헤크, 이 문제를 내 입장에서 생각해 볼 수 없겠나? 자네한테
도 아이들이 있지 않은가. 하지만 자네보다는 내가 나이가 많지. 내
아이들이 자랄 때면 나는 노인이 될 거야. 물론 죽지 않고 살아남아
있다면 말이지만. 하기야 지금도 벌써 노인인 셈이지. 그 애들이 나

를 믿지 않는다면 그 애들은 다른 누구도 믿지 않을 걸세. 젬과 스카웃은 어떤 일이 일어났는지 알고 있거든. 그 애들이 읍내에서 내가 다른 말을 하는 것을 듣게 된다면, 헤크, 더 이상 듣고 싶지 않네. 읍내에서는 이런 식으로 살고, 집에 와서는 저런 식으로 살 순 없단 말일세."

"한 시민이 범죄가 자행되지 않도록 최선을 다해 막은 것이 법에 저촉된다는 소리는 한 번도 들어본 적이 없어요. 그가 한 행동이 바로 그렇지요. 하지만 변호사님은 읍내 사람들에게 하나도 숨김없이 이 사건의 전모를 밝히는 게 제 의무라고 말씀하시겠지요. 그러면 어떤 일이 일어날지 아십니까? 제 아내를 포함해서 메이콤에 사는 모든 여자들이 에인젤 케이크를 가져와 그 집 문을 두드릴 겁니다. 핀치 변호사님, 제 사고 방식으로는, 변호사님과 이 읍내를 위해 훌륭한 일을 한 저 부끄럼 많은 사람을 백일하에 끌어낸다는 건, 저에겐 그건 죄악이지요. 그건 죄악이라고요. 그리고 전 절대로 그런 죄악을 저지를 순 없습니다. 저 사람이 아니고 다른 사람이었다면 아마 사정은 달랐을 겁니다. 하지만 변호사님, 저 사람은 아니지요."

테이트 아저씨는 장화 발가락으로 마룻바닥에 구멍이라도 낼 듯했다.

집을 향해 걸어가는 동안 나는 오빠랑 내가 컸다는 생각이 들었다. 아마 대수를 빼놓고는 이제 우리가 배워야 할 것이 별로 많은 것 같지가 않았다.

"스카웃, 우리가 궁극적으로 잘만 보면 대부분의 사람들은 다 멋지단다."

그들은 많이 배워서 아는 사람들이 아니다. 그들은 무슨 대단한 대의와 신념을 실현하기 위해 몸과 마음을 바쳐 살겠다고 맹세한 사람들이 아니다. 허세와 허위와 기만은 그들과 거리가 멀다. 그저 자신과 타인에게 충실한 인간들일 뿐이다. 자신의 일상에서 구체적으로 만나는 사람들과 일에 대해서 책임을 다할 뿐이다. 또한 불운과 곤경에 처해도 의연하고 담담하며 오히려 다른 사람의 안위를 걱정한다. 메이콤의 앵무새를 살리는 사람들은 집 안에서나 바깥에서나, 자신이 곤경에 빠졌거나 불리한 경우조차 한결같은 태도로 사는 사람들이다. 이 내용들이 어려운가? 아니다. 문제는 그렇게 살아내기다. 그것도 일관되게 실천하며 살기다.

흔히들 공자의 논어에 나오는 핵심 사상을 仁이라고 한다. 그리고 그것을 실천하기 위한 방안으로 충서(忠恕)*를 말한다. 정약용은 '충'과 '서'를 파자해서 '충'은 마음 한 가운데(忠=

---

* "공자께서, '삼(參)아, 나의 도리는 하나로 관통되어 있어(一以貫之)'라고 말하니, 증자(曾子)가 '그렇습니다'라고 답하였다. 공자가 나가자 '무슨 말씀이십니까?'라고 제자가 물으니 증자가 말하였다. '공자님의 도리란 오직 충서(忠恕)일 뿐이야.'" 〈논어 · 이인(里仁)〉

中+心)란 뜻으로, '서'는 마음과 같이(恕=如+心)란 뜻으로 풀이했다. '충서'는 곧 '마음 한가운데 비추어 보아 내 마음 같이 한다'는 뜻이다. 앵무새를 살리는 삶의 기본자세들이 뿌리내리고 있는 곳은 결국 '마음', 그것도 '선량한' 마음, 아이와 자연을 닮은 순수한 마음이다. 내면의 목소리인 '양심'에 귀 기울이는 순간, 앵무새를 죽이는 편견들과의 싸움이 시작되기 때문이다.

멈추지 않는 앵무새 죽이기

이상에서 알 수 있듯이 '앵무새 죽이기'는 사람들의 마음 속에 깊이 자리 잡은 사회적 편견과 상대에 대한 불관용의 태도에서 비롯된다. 그렇다면 다시 물어보자. 왜 사람들의 마음 속에 이런 것들이 뿌리 내리게 되었을까? 그것은 사회적 관습과 제도, 문화 등 사회 질서와 구조가 가져온 사회적 유산이다. 차이에 대한 차별과 억압을 일삼는 제도와 법적 질서는 '인권운동'과 '행동하는 양심'에 의해 사라지거나 개선되었지만 관습과 문화, 사람들의 의식 속에는 여전히 남아 있기 때문이다. 노예무역으로 사들인 흑인들을 농장과 집안일에 필요한 노예로 부리던 노예경제와 노예제도의 전통이 없었다면, 그리고 그로부터 유래한 각종 인종차별제도가 없었다면 미국 남부의 작은 마을 메이콤 사람들이 '인종차별적 편견'을 어떻게 가졌겠는가?

그런데 사회 구조와 질서 가운데서도 앵무새 죽이기의 가장 중요한 요인은 경제구조다. 이 소설의 시대적 배경은 1930년대 미국의 대공황 시기다. 흑인뿐만 아니라 수많은 백인들이 먹고사는 문제로 고통받던 시기였다. 백인과 흑인이 일자리를 두고 경쟁해야 했기에 인종차별은 '앵무새를 죽이는' 정도로 악화되고, 서로를 피폐하게 만들었던 것이다. 오늘날 우리 사회에서 문제가 되는 가난한 사람들에 대한 편견과 차별 역시 경제적 요인 없이 설명하기 어렵다. 가난한 사람들은 무언가 모자라고 교양 없어 보이며 무시해도 될 것처럼 생각하는 사람들이 많다. 그래서 농사를 비롯한 3D 업종에 종사하는 사람들, 사회경제적 지위가 낮은 사람들은 '인간다운' 대접을 받지 못한다. 비정규직 노동자나 외국인 노동자들에 대한 기업주의 차별은 벌써 많은 선량한 사람들을 죽음으로 내몰았다. 명백한 '앵무새 죽이기'가 오늘날에도 계속되고 있는 것이다.

그밖에도 흑인들에게 불리한 배심원 구성을 용인하고 사형제도를 존속시키는 사법제도 역시 '앵무새 죽이기'의 중요한 원인들이다. 중죄를 저지른 사람은 사형에 처할 수 있다는 생각도 소수자이자 약자인 범죄자의 인권을 억압하는 다수와 강자의 횡포다. 사형제도만 아니어도 죽지 않았을 앵무새들이 많았다.

오늘날에도 소설 속에 나오는 이월, 길머 검사, 메이옐러 등과 같이 자신의 욕구, 자신의 판단, 자신의 이익, 자신의 명예,

자신의 권위와 업적 등이 항상 더 중요한 사람들이 있다. 그들은 자신과 타인을 대등한 존재로 받아들이지 않는다. 게다가 양심을 팔아 자신의 이익을 챙기고 그 과정에서 방해가 되면 상대의 존엄함을 짓밟거나 생명을 해치는 죄를 짓는다. 이 과정에서 그들이 종종 사용하는 나쁜 수단이 자신들의 정치적·경제적 이해관계를 위해 경쟁 상대를 '절대 악'으로 딱지 붙이는 방법이다. 미국의 이라크 침공과 같은 전쟁의 명분을 찾을 때, 우리 사회의 좌우파들에게 상대는 항상 '범죄자'가 된다.

이처럼 차이에 대한 차별과 억압은 오늘날에도 멈추지 않고 있다. 강대국 국민의 약소국 국민에 대한 차별, 사회적 강자의 약자에 대한 억압, 또는 다수자가 소수자에 가하는 폭력 등과 같은 불평등한 사회 구조와 질서, 그릇된 의식이 오늘날에도 여전히 존재한다. 그것은 정의가 사라지고 사랑이 메마른 모든 곳에, 차이들의 대등한 어울림이 사라진 모든 곳에 존재한다.

나가며

당동벌이(黨同伐異)란 말이 있다. 옳고 그름을 가리지 않고 한 무리에 속한 사람들이 자기 무리에 속하지 않은 다른 사람을 무조건 배척함을 일컫는 말이다. 다른 지역, 다른 나라, 다른 민족, 다른 파벌, 다른 인종, 다른 계급 계층에 속하는 사람이라는 이유로 무조건 대등한 인간으로서의 자격을 박탈하는 편협한 사고를 하는 사람들의 행위가 그런 것이다. 그들은 다르고 이질적인 것 속에 있는 더 중요한 닮음, 동질적인 것을 보지 못한다. 그들은 상대가 독립된 인격체로 의식적인 생명활동을 하는 존엄한 인간 존재임을 인정하지 않는다.

결국 삶과 인생, 나와 타인에 대한 '기본적' 또는 '근본적' 태도가 문제다. 돼먹지 못한 인간들이 더 많이 배우고, 더 많은 부와 권력과 명예를 가진들 자신과 타인을 망가뜨리기밖에 더하겠는가? '어짐'과 '사랑', 그리고 '자비'에 관한 성현들의 말씀이 담긴, 인류의 고전이 된 경전들도 결국 삶의 기본에 충실한 사람들이 온 세상에 가득하기를 바랐던 것이 아닌가? 인간다움의 가장 기본적인 것을 가장 잘 실천하면서 살았던 사람들, 지금도 그 길을 가고 있는 사람들은 시공간을 초월해 교감을 느낄 수 있다. '당신 같은 사람과 같은 하늘 아래 살고 있다는 생각만으로도 기분 좋은 사람들'이 어떤 사람들인지 소설 속에서 만나보자.

다만 물음 하나를 가지고 만나자. 왜 그토록 삶의 기본에 충실한 사람들이 다수가 되고, 그 기본에 충실한 제도와 질서가 사회의 기본질서와 제도가 되는 길이 어려운가, 어렵더라도 그렇게 되는 길은 무엇일까, 하는 물음. 단 한 명의 앵무새도 죽지 않는 세상을 꿈꾸며.

〈문제〉 다음 글을 읽고 각 제시문에 등장하는 공통된 삶의 자세들을 찾아 그것이 오늘날 우리 사회에 가진 의미를 논술하시오.

(가)

래들리 씨가 무엇을 했건 그건 아저씨가 알아서 한 일이었다. 아저씨가 밖에 나오고 싶었다면 그렇게 했을 것이다. 자기 집 안에 머물러 있고 싶었다면 호기심 많은 아이들의 관심을 피해 집 안에 있을 권리가 있었다. 여기에 '아이들'이란 바로 우리들을 완곡하게 지칭하는 표현이다. 우리가 밤에 방에 앉아 있는데 아빠가 노크도 하지 않고 불쑥 들어온다면 우리가 좋아할까? 결과적으로 우리는 그와 똑같은 일을 래들리 씨에게 하고 있었던 것이다. 래들리 씨의 행동은 정말 우리에게 특이하게 보였을지도 모른다. 하지만 그것은 그에게는 특이한 것처럼 보이지 않았을 것이다. 나아가, 우리는 다른 인간과 공손하게 연락하는 방법은 옆 창문을 통해서가 아니라 앞문을 통해서라는 사실을 왜 깨닫지조차 못했을까? 마지막으로 그 집에 초대받기 전에는 절대로 그 집 근처에 얼씬거려서는 안

되었다. 우리는 아빠가 전에 보신 것 같은 바보스런 놀이를 해
서는 안 되었고, 이 거리 이 읍내에서는 어느 누구도 놀려대서
는 안 되었다. …

　"우린 아저씨를 놀리지 않았어요. 비웃지도 않았고요. 우
린 다만…"

　오빠가 말했다.

　"바로 그랬어. 아니란 말이냐?"

　"아저씨를 놀려댔다고요?"

　"아니, 이웃 사람들이 다 알 수 있게 아저씨가 살아온 삶
을 드러내고 있었던 거야."

(나)

　"전 커닝햄 아저씨가 우리 편이라고 생각했어요. 오래 전
에 아빠도 그렇게 말씀하셨고요."

　"아직도 우리 친구란다."

　"하지만 엊저녁엔 아빠를 해치려고 했잖아요."

　아빠는 나이프 옆에 포크를 내려놓고는 접시를 옆으로 밀
어놓으셨다.

　"커닝햄 아저씨는 바탕은 좋으신 분이야. 다만 우리와 마
찬가지로 아저씨에게도 약점이 있으신 것뿐이지."

　아빠가 말씀하셨다.

　"그걸 약점이라고 부르지 마세요. 그자는 어젯밤 처음 그

곳에 도착했을 때 아빠를 죽이려고 했어요."

오빠가 말했다.

"나를 약간 다치게는 했을지도 모르지."

아빠가 한 발 물러섰다.

"하지만, 젬, 너도 나이를 먹으면 좀더 이해할 수 있게 될 거야. 폭도란 그것이 무엇이든 언제나 인간이거든. 커닝햄 아저씨는 어젯밤 폭도 중의 한 사람이었지만 여전히 인간이셔. 남부의 작은 읍내마다 모든 폭도들은 늘 우리가 알고 있는 사람들로 이루어져 있지. 별 게 아니란 말이다, 안 그래?"

"그건 그래요."

오빠가 대꾸했다.

"그래서 여덟 살짜리 애가 그들에게 판단이 서게 만들어줄 수 있었던 거야. 안 그래?"

아빠가 말씀하셨다.

"그걸 보면 뭔가 알 수 있어 ─ 들짐승 같은 패거리들도 인간이라는 이유 하나만으로 멈추게 할 수 있다는 걸. 흠, 어쩌면 우리에겐 어린이 경찰대가 필요한지도 몰라… 어젯밤 너희들은 비록 짧은 시간이었지만 월터 커닝햄 아저씨를 아빠의 입장에 서게 만들었던 거야. 그걸로 충분해."

(다)

"변호사님, 전 그렇게 훌륭한 사람은 못 됩니다만 메이콤 군의 보안관입니다. 평생 동안 이 읍내에서 살았고, 제 나이 올해로 마흔셋입니다. 제가 태어난 이후 이곳에서 벌어진 일은 모두 알고 있지요. 아무 이유 없이 흑인 청년 한 사람이 죽었고, 그 죽음에 책임 있는 자도 죽었습니다. 이번에는 죽은 자가 죽은 자를 묻어버리게 하세요, 변호사님. 죽은 자가 죽은 자를 묻어버리게 말이지요.”

테이트 아저씨는 그네 쪽으로 걸어가 모자를 집어 드셨다. 그 모자는 아빠 옆에 놓여 있었다. 테이트 아저씨는 머리카락을 뒤로 쓸어 넘긴 뒤 모자를 쓰셨다.

“한 시민이 범죄가 자행되지 않도록 최선을 다해 막은 것이 법에 저촉된다는 소리는 한 번도 들어본 적이 없어요. 그가 한 행동이 바로 그렇지요. 하지만 변호사님은 읍내 사람들에게 하나도 숨김없이 이 사건의 전모를 밝히는 게 제 의무라고 말씀하시겠지요. 그러면 어떤 일이 일어날지 아십니까? 제 아내를 포함해 메이콤에 사는 모든 여자들이 에인젤 케이크를 가져와 그 집 문을 두드릴 겁니다. 핀치 변호사님, 제 사고 방식으로는, 변호사님과 이 읍내를 위해 훌륭한 일을 한 저 부끄럼 많은 사람을 백일하에 끌어낸다는 건 —저에겐 그건 죄악이지요. 그건 죄악이라고요. 그리고 전 절대로 그런 죄악을 저지를 순 없습니다. 저 사람이 아니고 다른 사람이었다면 아마 사정은 달랐을 겁니다. 하지만 변호사님, 저 사람은 아니지요.”

테이트 아저씨는 장화 발가락으로 마룻바닥에 구멍이라

도 낼 듯했다. 코를 잡아당기고 나더니 이번에는 왼팔을 주무르셨다.

"변호사님, 전 별 볼일 없는 사람일지 모르지만 여전히 메이콤 군의 보안관입니다. 그리고 밥 이월은 자기 칼에 쓰러졌습니다. 그럼 안녕히 주무십시오, 변호사님."

테이트 아저씨는 쿵쿵 현관을 걸어 내려가 앞마당을 가로질러 가서는 자동차 문을 쾅 하고 닫고 차를 몰고 가버리셨다.

아빠는 오랫동안 마룻바닥을 쳐다보고 계셨다. 마침내 고개를 드셨다.

"스카웃, 이월 씨는 자기 칼에 넘어졌어. 이해할 수 있겠니?"

아빠가 말씀하셨다.

아빠는 기운을 낼 필요가 있어 보였다. 그래서 나는 아빠한테 달려가 껴안고, 있는 힘을 다해 키스를 해드렸다.

"네, 아빠, 전 이해할 수 있어요. 테이트 아저씨 말씀이 옳아요."

내가 안심시켜드렸다.

아빠는 팔을 푸시고는 나를 쳐다보셨다.

"이해하고 있다니 무슨 뜻이지?"

"글쎄, 말하자면 앵무새를 쏘아 죽이는 것과 같은 것이죠. 아니에요?"

아빠는 내 머리카락에 얼굴을 대고는 비비셨다. 자리에서 일어나 현관을 가로질러 그림자 속으로 걸어 들어가셨을 때 아빠의 활기 넘치는 발걸음이 다시 돌아왔다. 집 안으로 들어가시기 전에 부 래들리 아저씨 앞에 걸음을 멈추셨다.

"아서, 우리 애들을 구해 줘서 고맙네."

아빠가 말씀하셨다.

(라)

우리는 길모퉁이 가로등에까지 이르렀고, 딜이 거기서 전봇대를 껴안고 얼마나 많이 지켜보고 기다리고 기대를 품고서 있었던가를 생각했다. 또 얼마나 많이 젬 오빠랑 내가 이곳을 지나갔던가 생각했다. 하지만 나는 태어나서 두 번째로 래들리 아저씨네 집 앞 문에 들어갔다. 부 아저씨와 나는 계단을 걸어 올라가 현관으로 갔다. 아저씨는 손가락으로 앞문 손잡이를 찾으셨다. 가만히 내 손을 놓으시더니 문을 열고 안으로 들어간 뒤 문을 닫으셨다. 그리고 다시는 아저씨의 모습을 볼 수 없었다.

이웃 사람들은 누가 죽으면 음식을 가져오고, 누가 아프면 꽃을 가져오고, 그 중간에 해당하는 일에는 자질구레한 것들을 가져온다. 부 아저씨는 우리 이웃이었다. 아저씨는 우리에게 비누로 깎은 인형, 고장 난 시계와 시계 줄, 행운을 준다는 동전 두 개, 그리고 우리의 생명을 가져다주셨다. 이렇게 선물을 받으면 이웃 사람들은 답례를 하게 마련이다. 그런데도 우리는 지금껏 그 나무에서 얻은 것을 되돌려주지 않았다. 그래서 나는 슬펐다.

　나는 집으로 돌아가려고 몸을 돌렸다. 가로등이 읍내까지 길을 환히 비쳐주고 있었다. 나는 여태껏 이 방향에서 우리 이웃을 바라본 적이 없었다. 모디 아줌마네, 스테파니 아줌마네, 그리고 우리 집이 있었고, 현관에 있는 그네가 보였다. 레이첼 아줌마네 집이 우리 집 건너에 환히 보였다. 듀보스 할머니네 집까지 보였다.

　나는 뒤를 돌아다보았다. 갈색 문 왼쪽 편에 기다란 덧문이 달린 창이 있었다. 그곳으로 걸어가 그 앞에 서 있다가 돌아섰다. 아마 대낮이라면 우체국 모퉁이도 볼 수 있을 것 같다는 생각이 들었다.

다락원 명작노트 **028**

앵무새 죽이기

펴낸이 정규도
펴낸곳 (주)다락원

초판 1쇄 발행 2007년 2월 5일
초판 7쇄 발행 2021년 1월 25일

책임편집 안창열, 김지영
디자인 손혜정, 박은진
번역 장계성
삽화 손창복

다락원 경기도 파주시 문발로 211
내용문의: (02)736-2031
구입문의: (02)736-2031(내선 250~252)
Fax: (02)732-2037
출판등록 1977년 9월 16일 제406-2008-000007호

Copyright © 2021, 다락원

출판사의 허락 없이 이 책의 일부 또는 전부를
무단 복제·전재·발췌할 수 없습니다.
잘못된 책은 바꿔 드립니다

값 8,500원

ISBN   978-89-5995-143-7 43740

〈행복한 명작 읽기〉는 기초가 약한 영어 초급자나 초, 중, 고 학생들이 보다 즐겁고 효과적으로 명작들을 읽으며 독해력을 키울 수 있도록 개발된 독해력 증강 프로그램입니다.

책의 특징

1 골라 읽는 재미가 있다. 초보자를 위한 350단어 수준에서 중고급자를 위한 1,000단어 수준까지 5단계 구성.

2 단계별로 효과적인 영어 읽기 요령과 영문 고유의 참맛을 느낄 수 있는 장치가 곳곳에.

3 읽기만 해도 영어의 키가 쑥쑥 – 해석을 돕는 돼지꼬리(↶), 영어표현 및 문법 설명, 퀴즈가 왕창.

4 체계적인 듣기 학습까지. 전문 미국 성우들의 생동감 넘치는 원음을 담은 오디오 CD 제공.

�֍ 왕초보 기초다지기 ✖

쉬운 영문을 통해 영어 독해에 대한 막연한 두려움을 없앤다.

국판 │ **Grade 1, 2, 3** 각권 6,000원
(오디오 CD 1개 포함)

Grade 4, 5 각권 7,000원
(오디오 CD 1개포함)

＊어린왕자 8,000원
(오디오 CD 2개 포함)

＊＊고도를 기다리며 9,000원
(오디오 CD 2개 포함)

Grade 1	Beginner
1	미녀와 야수
2	인어공주
3	크리스마스 이야기
4	성냥팔이 소녀 외
5	성경 이야기 1
6	신데렐라
7	정글북
8	하이디
9	아라비안 나이트
10	톰 아저씨의 오두막

350 words

Grade 2	Elementary
11	이솝 이야기
12	큰 바위 얼굴
13	빨간머리 앤
14	플랜더스의 개
15	키다리 아저씨
16	성경 이야기 2
17	피터팬
18	행복한 왕자 외
19	몽테크리스토 백작
20	별 │ 마지막 수업

450 words

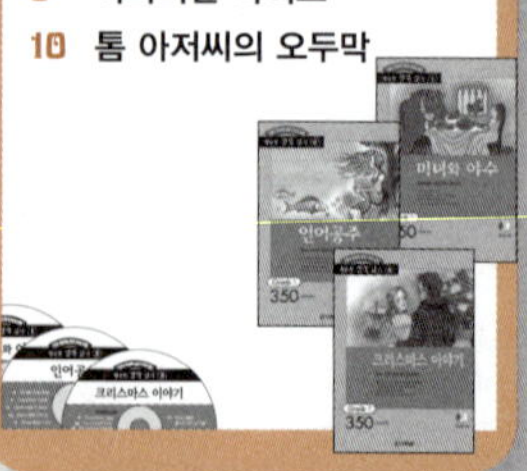

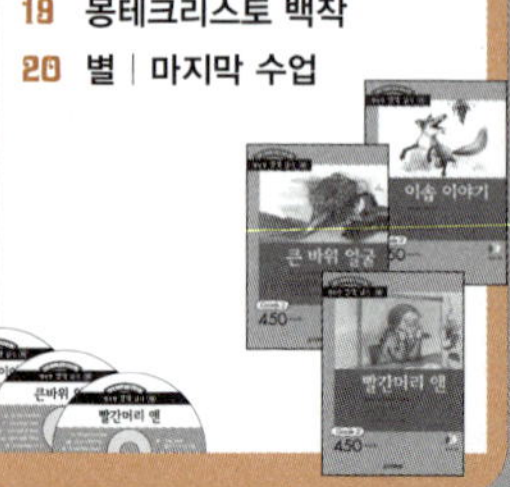

Response Notes
(독자의 공간)
영문을 읽어나가다
궁금한 점, 기억해 두어야
할 점을 메모한다.

해석 도우미
(일명 '돼지꼬리 ')
꼬리 끝에 해석을 돕는
힌트가 꽂혀 있다.

주요 어휘 및 문장 해석

Check-Up
내용 파악이
잘 되었는지 확인.

One-Point Lesson
주요 문법사항이나 표현에
대한 심층 분석 코너.

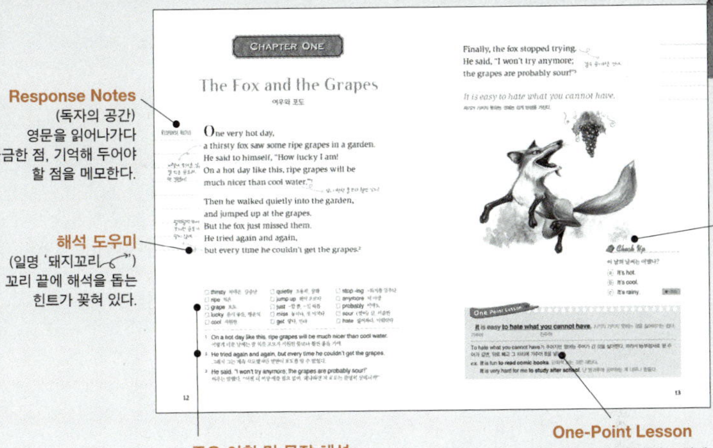

+ 실력 굳히기 +

실력에 맞게 효과적으로 끊어 읽으며 직독직해 훈련을 한다.

영어의 맛
제대로 느끼기

영문판 원서 도전을 위한
전 단계의 준비과정이다.

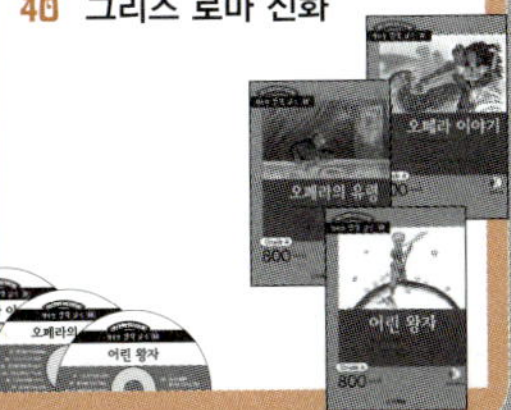
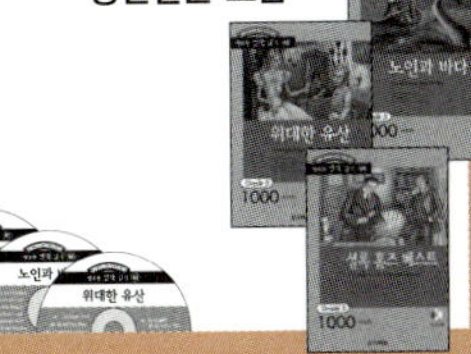

콕콕 찍어 들려주는 명작 리스닝 시리즈 [전20권]

세계 명작소설을 쉽게 고쳐 쓴 중·고생용 학습 교재. 독해와 함께 청취력 향상을 위해 전 내용을 녹음하고, 매 페이지에 리스닝 포인트를 두어 한국인이 듣기 어려운 부분은 또박또박한 발음으로 반복해 들려준다. 권말에는 영어듣기 테스트를 수록해, 입시에서 점점 비중이 높아지는 듣기시험에 대비하도록 했다.

□ 각 권 4·6판/140면 내외
□ 정가: 각 권 5,800원 (테이프 2개 포함)

① 이상한 나라의 앨리스 / 백설공주와 일곱 난쟁이
Alice's Adventures in Wonderland /
Snow White and the Seven Dwarfs

② 이솝 우화
Aesop Fables

③ 그림 동화집 / 잭과 콩나무
Grimms Fairy Tales / Jack and the Beanstalk

④ 재미있는 이야기 / 미녀와 야수
Famous Stories / Beauty and the Beast

⑤ 알라딘과 요술램프 / 이른 아침의 살인
Aladdin and the Magic Lamp / Dead in the Morning

⑥ 오즈의 마법사 / 흑마 이야기
The Wonderful Wizard of Oz / Black Beauty

⑦ 걸리버 여행기 / 쉽게 번 돈
Gulliver's Travels / Fast Money

⑧ 거울 속의 앨리스 / 정원
Through the Looking Glass / The Garden

⑨ 피터 팬
Peter Pan

⑩ 큰 바위 얼굴 / 크리스마스 선물 / 알리바바와 40인의 도적들
The Great Stone Face / The Christmas Present /
Ali Baba and the Forty Thieves

⑪ 돈키호테 / 헨리 포드 이야기
Don Quixote / Tin Lizzie

⑫ 로빈 후드 / 어느 병사의 죽음
Robin Hood / Death of a Soldier

⑬ 신문 배달 소년 / 긴 터널 / 몰리의 순례자
Newspaper Boy / The Long Tunnel / Molly Pilgrim

⑭ 언덕 위의 집 / 헤라클레스
The House on the Hill / Hercules

⑮ 우주 도시로의 여행 / 요술 정원
Journey to Universe City / The Magic Garden

⑯ 마르코 폴로 / 크리스토퍼 콜럼버스 / 올리버 트위스트
Marco Polo / Christopher Columbus / Oliver Twist

⑰ 삼총사 / 레슬러
The Three Musketeers / The Wrestler

⑱ 불의 전차
Chariots of Fire

⑲ 런던 경시청 이야기 / 아서 왕
The Story of Scotland Yard / King Arthur

⑳ 도난당한 편지 / 붉은 머리 사교회 / 트래버스 씨의 첫사냥
The Stolen Letter / The Society of Red-Headed
Men / Mr. Travers First hunt

패턴 따라 쉽게 쓰는 틴틴 영어일기 1, 2

❶ 일상생활 패턴정복
❷ 학교생활 패턴정복

중학교에 다니는 여학생과 남학생이 각각 일상생활과 학교생활을 중심으로 1년간의 일을 쉽고 재미있게 쓴 영어일기. 중학생이라면 누구나 한번쯤 겪어봤을 만한 일들을 바탕으로 한 다양한 일기 소재와 어휘가 제공되어 있기 때문에, 영어일기를 통해 영작을 연습하려는 학습자에게 큰 도움이 될 수 있는 교재이다. 중·고생뿐만 아니라, 중학 영어를 미리 예습하려는 예비 중학생들에게도 아주 효과적인 영어 학습서로 강추!

□ 정미선 지음 / 4·6배 변형 / 192면
□ 정가 10,000원 (오디오 CD 1개 포함)

Teen Teen Diary (전3권)

❶ 매일 10단어로 뚝딱 중학생 영어일기

중1 수준의 어휘와 문장으로, 영어일기와 일상회화에 대한 감각을 익힌다.

□ 정미선 지음 / 신국판 / 144면
□ 정가 7,500원 (테이프 1개 포함)

❷ 매일 5문장으로 술술 중학생 영어일기

중2 수준의 어휘와 문장으로, 영어일기에 친숙해지고 자신감을 쌓는다.

□ 정미선 지음 / 신국판 / 152면
□ 정가 7,500원 (테이프 1개 포함)

❸ 매일 내맘대로 쓱싹 중학생 영어일기

중3 수준의 어휘와 문장으로, 중학영어를 마스터하고 미국의 일상회화에 익숙해진다.

□ 정미선 지음 / 신국판 / 144면
□ 정가 7,500원 (테이프 1개 포함)

지니의 미국생활 영어일기 Hello! America (전2권)

❶ 가을학기   ❷ 봄학기

어느 한국 여학생의 미국생활 이야기를 일기 형식으로 담은 책. 1권은 '가을학기', 2권은 '봄학기'편으로, 총 1년간의 미국 학교생활 및 일상생활에 관한 흥미로운 이야기들이 담겨 있다. 미국 학생들의 실생활을 바탕으로 한 탄탄한 스토리로 살아 있는 현지 영어와 미국문화를 체험할 수 있을 뿐만 아니라, 영어 독해 및 영작 연습을 할 수 있는 아주 유용한 교재이다.

□ 이지현 지음 / 국배판 변형 / 152면
□ 정가 8,500원

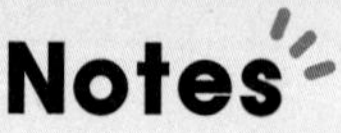

Notes